*"Clame a mim
e eu responderei e
direi a você coisas
grandiosas e insondáveis
que você não conhece".*

Jeremias 33.3 (NVI)

Vida

ORAÇÃO

DESCOBRINDO O PODER DE FALAR COM DEUS

MIDIAN LIMA
CAMILA BARROS
RAQUEL LIMA
GABRIELA LOPES

Vida
EDITORA VIDA
Rua Conde de Sarzedas, 246 — Liberdade
CEP 01512-070 — São Paulo, SP
Tel.: 0 xx 11 2618 7000
atendimento@editoravida.com.br
www.editoravida.com.br
@editora_vida /editoravida

Direção: Renan Menezes
Editora-chefe: Sarah Lucchini
Editora responsável: Jacqueline Mattos
Assistente editorial: Larissa da Mata
Revisão ortográfica: Dayse Fontoura
Revisão de provas: Thaís P. Gomes
Coordenadora de design gráfico: Claudia Fatel Lino
Projeto gráfico e diagramação: Philipe Santos
Capa: Lira Lira

ORAÇÃO

■

Todas as citações bíblicas desta obra foram extraídas da versão *Almeida Revista e Corrigida* (ARC), salvo indicação contrária.

Todas as citações bíblicas e de terceiros foram adaptadas segundo o Acordo Ortográfico da Língua Portuguesa, assinado em 1990, em vigor desde janeiro de 2009.

■

As opiniões expressas nesta obra refletem o ponto de vista de seus autores e não são necessariamente equivalentes às da Editora Vida ou de sua equipe editorial.

Os nomes das pessoas citadas na obra foram alterados nos casos em que poderia surgir alguma situação embaraçosa.

Todos os grifos são do autor, exceto os indicados.

1. edição: set. 2025
1ª reimp.: set. 2025

Dados Internacionais de Catalogação na Publicação (CIP)
(Câmara Brasileira do Livro, SP, Brasil)

Oração: descobrindo o poder de falar com Deus / [Raquel Lima... [et al.]]. -- São Paulo : Editora Vida, 2025.
Outros autores: Camila Barros, Midian Lima, Gabriela Lopes.

ISBN 978-65-5584-818-2
e-ISBN 978-65-5584-819-9

1. Comunidade cristã 2. Intercessão (Oração) - Cristianismo 3. Oração - Cristianismo I. Lima, Raquel. II. Barros, Camila. III. Lima, Midian. IV. Lopes, Gabriela.

25-291711 CDD-248.32

Índice para catálogo sistemático:

1. Oração : Prática religiosa : Cristianismo 248.32
Eliete Marques da Silva - Bibliotecária - CRB-8/9380

SUMÁRIO

RAQUEL LIMA
MIDIAN LIMA
GABRIELA LOPES
CAMILA BARROS

PREFÁCIO

Oração

Falar sobre oração, para mim, é falar sobre uma vida que é sustentada pela presença de Deus. A oração não é apenas um hábito cristão: é o meio pelo qual nos conectamos com o Pai, o alimento que fortalece nosso espírito e o caminho que nos torna vitoriosas. Ela cura, transforma, consola, move o Céu e quebra as barreiras da Terra. A oração é a chave que abre as portas do impossível.

Sem oração, nossa caminhada se fragiliza. Tornamo-nos espiritualmente raquíticas, confusas, vulneráveis e facilmente levadas pelas tempestades da vida. Mas, quando nos colocamos de joelhos, algo muda: o Espírito Santo nos reveste, a Palavra ganha vida dentro de nós, e o Senhor nos guia com sabedoria e discernimento. É assim que a oração nos posiciona.

A passagem de Jeremias 33.3 toca profundamente o meu coração: "Clama a mim, e responder-te-ei, e anunciar-te-ei coisas grandes e firmes, que não sabes". O Senhor deseja falar conosco, revelar segredos do Seu coração e nos conduzir por caminhos que jamais descobriríamos sem intimidade com Ele.

O cristão que não cultiva uma vida de oração pode até conhecer a Bíblia, pregar ou adorar com os lábios, mas lhe faltará discernimento espiritual e profundidade no relacionamento com Deus. Porque tudo o que fazemos deve estar coberto, regado e sustentado pela oração.

Por isso, mais do que palavras, esta obra é um convite ao mergulho na intimidade com o Senhor e um chamado para orarmos sem cessar, sem desistir ou esfriar. Enquanto oramos, o Céu se move a nosso favor. Enquanto clamamos, os anjos recebem ordens ao nosso respeito. Quando buscamos a Deus de todo o coração, Ele responde e age. Isso não é apenas uma teoria; é uma realidade vivida diariamente por Camila, Gabi, Midian e Raquel, e testemunhada ao longo destas páginas.

Por meio deste livro, elas desejam entregar a chave da oração em suas mãos. Que, ao virar cada página, seu coração seja despertado para um novo nível de intimidade com Deus. Que sua conduta seja alinhada, sua fé, reacendida, e sua alma, fortalecida para quebrar todo jugo e romper com o que ainda tenta paralisá-la.

Vamos juntas. O Senhor nos espera.

Pastora Ezenete Rodrigues

Líder de intercessão na Igreja Batista da Lagoinha, fundadora do Ministério Restaurando Vidas e da Associação Servindo e Protegendo (ASSEP)

"Que, ao virar cada página, seu *coração* seja despertado para um novo nível de intimidade com *Deus*."

RAQUEL LIMA
MIDIAN LIMA
GABRIELA LOPES
CAMILA BARROS

INTRODUÇÃO

A oração é a chave que nos conecta diretamente ao coração de Deus. Ela é um instrumento poderoso que nos conduz à vitória, à direção e ao cumprimento das promessas do Senhor. Deus nos convida a um relacionamento profundo e real com Ele, e é por meio dessa disciplina espiritual que entramos nesse lugar de intimidade. Por isso, mais do que um estudo, esta obra é um chamado para uma vida de oração intensa e intencional. Ao longo destes 40 dias de devocional, você entenderá que a oração não é apenas um ato religioso, mas um estilo de vida que transforma nossa mente, coração e destino.

Oração eficaz é oração intencional. Isso significa que, alinhadas à Palavra de Deus e focadas na manutenção da nossa vitória, nós precisamos identificar as áreas de nossa vida que o Inimigo tem tentado enfraquecer, e então orar especificamente por isso. Muitas vezes, fazemos orações genéricas, lançando palavras e emoções para todos os lados, sem um direcionamento claro. Em vez de permanecermos dispersas e sem direção, devemos orar com precisão e entendimento, para entrarmos em um nível de autoridade espiritual que nos permitirá ver resultados reais.

Cremos que, por meio destes devocionais, você se manterá atenta e engajada, confiando que Deus está operando em seu favor. Que, ao final deste livro, você possa testemunhar a transformação que a oração pode realizar. Que sua fé seja fortalecida, que sua intimidade com o Pai seja intensificada e que você nunca mais subestime o poder da oração. Prepare-se, pois Deus irá Se mover em sua vida de maneira sobrenatural! Vamos juntas nessa caminhada de oração e entrega total ao Senhor!

O QUE É ORAÇÃO?

A palavra "oração" vem do latim *oratione*, que significa falar, rogar, suplicar. No grego do Novo Testamento, uma das palavras usadas para oração é *proseuché*, que denota não apenas um pedido a Deus, mas também um ato de adoração e entrega. Portanto, orar não é apenas falar com Deus, é um posicionamento espiritual e uma conexão íntima com o Criador do Universo.

No Jardim do Éden, Adão e Eva tinham comunhão direta com o Senhor, mas, após a Queda, essa relação foi quebrada, e o homem passou a depender da oração para buscar novamente a presença de Deus. A partir de então, esse foi o meio pelo qual Ele escolheu se relacionar com a humanidade.

A oração é a ponte que nos reconecta ao Pai, permitindo-nos viver na Sua presença e experimentar o Seu agir, e é a arma mais poderosa para vencer batalhas espirituais. Ela não é um último recurso; é a nossa linha de frente. Muitas vezes, subestimamos seu impacto porque não compreendemos completamente como ela opera. Orar pode parecer algo invisível aos nossos olhos, mas é o método que Deus escolheu para trazer Seu poder do Céu à Terra.

Quando oramos, ativamos as promessas de Deus e nos apropriamos da vitória que Cristo já conquistou por nós na cruz. A oração não é passiva; ela é ativa, estratégica e transformadora. Ao dobrarmos os joelhos, nós nos posicionamos espiritualmente, tomamos posse da autoridade que Jesus nos deu e avançamos contra as obras do Inimigo. A oração destrói fortalezas, quebra cadeias e neutraliza os planos do Diabo contra nós.

“Na *oração*,
recebemos
as **estratégias**
de Deus e
encontramos
refúgio e
descanso.”

Oramos porque não podemos confiar apenas em nossas próprias forças. Oramos porque sabemos que nossas soluções humanas são limitadas, mas Deus é ilimitado. Oramos porque não aceitamos que o Inimigo roube aquilo que o Pai já nos deu. Cada oração é um ato de resistência contra as trevas e um avanço no território que o Senhor nos chamou para possuir.

Além disso, a oração é o combustível da nossa fé. Ela nos fortalece, renova-nos e nos dá clareza e discernimento para enfrentar os desafios da vida. É na oração que recebemos as estratégias de Deus, encontramos refúgio e descanso. Quando oramos, não estamos apenas lançando palavras ao vento, mas abrindo as portas do Céu para que o sobrenatural de Deus se manifeste na Terra.

Por isso, nunca subestime o poder da oração. Ela é o seu canal direto com Deus, a sua maior arma contra o Inimigo e a chave para experimentar a manifestação do Céu em sua vida. Ore com fé, com ousadia e constância, pois orar é abrir espaço para que Deus faça o impossível. Não espere até que as circunstâncias estejam difíceis para buscá-lO. Faça da oração o alicerce da sua caminhada, e você verá o agir do Senhor em todas as áreas da sua vida.

A oração é a chave que abre os Céus. Pode até existir alguém que não crê em Deus e que ore eventualmente. Mas é impossível haver um crente que não ore, pois esse já deixou de crer.

Oramos porque acreditamos que nosso Deus nos ouve, mesmo quando não somos capazes de vê-lO ou tocá-lO. Assim afirma 1João 5.14-15: "E esta é a confiança que temos nele: que, se pedirmos alguma coisa, segundo a sua vontade, ele nos ouve. E, se sabemos que nos ouve em tudo o que pedimos, sabemos que alcançamos as petições que lhe fizemos".

Oramos porque, ao longo da nossa caminhada com o Senhor, temos experiências que nos levam a crer que, assim como Ele agiu no passado, continuará agindo hoje e eternamente. Oramos porque cremos que a Sua palavra é viva e eficaz, e ela nos ensina a orar sem cessar. Oramos, mesmo quando não sabemos como, porque o Espírito Santo nos ajuda em nossas fraquezas e Ele mesmo nos ensina o que devemos dizer quando nos faltam palavras. Oramos porque somos os "loucos" da fé, que creem no impossível e permanecem firmes, mesmo quando o mundo desmorona ao nosso redor.

Que nossas orações sejam alinhadas ao propósito de Deus, pois esse é o nosso maior desafio. Que jamais desistamos de viver uma vida de intimidade e conexão com o Pai, algo que só é possível por meio da oração. Oremos!

Pastora Eyshila Santos

Assembleia de Deus Vitória em Cristo (ADVEC)

RAQUEL LIMA
MIDIAN LIMA
GABRIELA LOPES
CAMILA BARROS

UM DEUS DE RELACIONAMENTO

É possível que, em algum momento da sua caminhada com o Senhor, você já tenha se perguntado: "Deus está em silêncio?". Sim, podemos passar por momentos em que não sabemos qual atitude tomar e nos sentimos incapazes de ouvi-lO. Mas, não, Deus não permanece em silêncio.

A verdade é que, muitas vezes, somos nós que não O buscamos adequadamente: "Pedis e não recebeis, porque pedis mal [...]" (Tiago 4.3). Por não conhecermos de fato o poder de Deus e a Sua Palavra, deixamos de fazer as perguntas certas e de buscá-lO com a motivação correta.

Se procurarmos na Bíblia — a fonte para a qual sempre devemos correr a fim de encontrarmos respostas —, notaremos que, todas as vezes em que o povo de Deus se posicionou corretamente, Ele respondeu.

Alguns rotulam os 400 anos de escravidão dos hebreus no Egito como um período em que o Senhor "se calou". No entanto, seria mais correto afirmar que, durante esse tempo, foi o povo de Israel que decidiu não buscar a Deus. Por isso, de que adiantaria falar se não havia ninguém para escutá-lO?

O Senhor não se relaciona com as circunstâncias ao nosso redor, mas, sim, com pessoas que O buscam em oração. Perceba como, após tamanho intervalo, o texto de Êxodo 2.23-24 afirma: "[...] os filhos de Israel suspiraram por causa da servidão e clamaram; e o seu clamor subiu a Deus por causa de sua servidão. E ouviu Deus o seu gemido [...]".

Além disso, em Isaías 59.1, lemos: "Eis que a mão do SENHOR não está encolhida, para que não possa salvar; nem o seu ouvido, agravado, para não poder ouvir". Ou seja, Deus está considerando tudo, o tempo todo, em todos os lugares, de forma ativa em relação aos que O buscam. Logo, Sua resposta vem de acordo com o que estamos colocando diante d'Ele.

Note que o Senhor responde ao clamor dos israelitas em Horebe, e não no Egito (cf. Êxodo 3.10). Ao convocar Moisés para a missão de libertá-los, Deus se movia em reposta à oração de Seu povo. Em nossa caminhada com Ele, o mesmo acontece: o Senhor não está em silêncio, mas trabalha em um lugar que talvez ainda não sejamos capazes de enxergar. Porém, se continuarmos clamando, em breve, não só O ouviremos, como também *veremos* a Sua obra em resposta ao nosso clamor (cf. Êxodo 4.30-31).

Enfim, são centenas de exemplos bíblicos que poderíamos usar aqui para demonstrar que Deus não tem interesse em não nos responder ou não falar conosco. O problema está no fato de que nós não O buscamos como deveríamos. Em Mateus 7.7-8, o próprio Jesus afirma: "Pedi, e dar-se-vos-á; buscai e encontrareis; batei, e abrir-se-vos-á. Porque aquele que pede recebe; e o que busca encontra; e, ao que bate, se abre".

Se buscarmos, encontraremos; se batermos, a porta se abrirá; se clamarmos, seremos ouvidas e respondidas. Nem sempre Deus falará conosco da forma como queremos, mas é certo que não ficaremos sem resposta (cf. Jeremias 29.13; Mateus 21.22; Salmos 120.1; Salmos 34.4).

Contudo, é importante acrescentar: mesmo que Deus pareça estar "em silêncio", tenha certeza de que Ele está comunicando algo e lhe dará o discernimento necessário para entender Seu direcionamento enquanto você O busca.

De todo modo, a verdade é que Deus fala e tem, sim, interesse em nos responder e Se relacionar conosco, principalmente enquanto conversamos com Ele. Logo, a pergunta não deve ser: "Por que Deus não está falando?"; mas, sim: "Por que Deus não está falando *comigo*?"; ou ainda: "Será que estou mesmo buscando a Deus corretamente?".

De acordo com esse raciocínio, resta-nos saber se há um jeito melhor de falar com Deus, de tal forma que não tenhamos apenas a atenção de "Seus ouvidos", mas também de Seu coração. Então, sigamos para a pergunta que realmente nos interessa.

COMO SE FALA COM DEUS?

"Orar é falar com Deus": alguém assim humildemente resume e simplifica a prática da oração. Não por maldade, é claro, mas para inspirar outras pessoas a orarem. Porém, falar com Deus não é o mesmo que conversar com qualquer outra pessoa. Afinal, Ele não é qualquer pessoa; *Ele é Deus*.

Certamente, o Senhor vê e ouve tudo: pensamentos, palavras ditas ou pensadas, e até as intenções mais profundas e escondidas em nossa mente e coração. Fato é que Deus ouve até quem não está se dirigindo a Ele. Mas, verdade seja dita: *não* queremos "só falar", queremos ser ouvidas na certeza de que seremos atendidas, direcionadas e guiadas a tomarmos as melhores decisões.

Por meio deste relacionamento de devoção com Deus e do tempo que investimos em Sua companhia, queremos nos tornar pessoas mais parecidas com Jesus. Não há nada de errado em ansiarmos por isso, pois a Palavra deixa claro que esta é a expectativa que Deus espera de nós quando O buscamos: a de receber algo.

Logo, sabemos que orar é, sim, "falar com Deus", mas também é importante entendermos *como* chamar Sua atenção, seja para obtermos

"Nos *tornamos* pessoas mais parecidas com *Jesus* quando investimos tempo em Sua **companhia.**"

uma resposta, ou para apenas sermos consoladas em Sua presença, enquanto simplesmente adoramos em louvor e desabafamos nossas queixas e dores.

Haverá dias em que a melhor resposta de Deus para nós será o silêncio de um ambiente encharcado com a presença d'Ele, no qual adquirimos a convicção de que não estamos perdidas no vazio da solidão, mas que, apesar de tudo — e até de nós mesmas —, Ele está conosco em profunda intimidade e com amor incomparável.

E, francamente, não somos capazes de alcançar esse tipo de ambiente quando simplesmente dizemos algo a Deus, mas, sim, quando realmente queremos, cremos e buscamos por essa intimidade. Talvez você já tenha ouvido alguém lindamente dizer: "A oração não é poderosa por causa de quem ora, mas por causa d'Aquele que a ouve". Essa afirmação não está errada, pois reflete a graça de Deus. Mas não podemos negar que quem ora e sua maneira de orar também podem mudar tudo!

É por isso que Tiago diz: "[...] a oração feita por um justo pode muito em seus efeitos" (Tiago 5.16). Essa passagem destaca o sujeito que ora, ou seja, existe um "*quem*". Além disso, há também um "*como*", e podemos encontrá-lo, por exemplo, em Salmos 51.17: "[...] a um coração quebrantado e contrito não desprezarás, ó Deus". Veja que há uma garantia de que não seremos desconsideradas por Deus nessa condição.

Em suma, sim, Deus vê e ouve tudo, mas existe uma maneira de sermos consideradas pessoalmente por Ele. Há um "quem" e um "como" que podem mudar tudo para quem ora! A junção do *quem* (você, ou a pessoa que você pode se tornar) com o *como* (a forma como Deus deseja que oremos) resultará em *intimidade*.

Perceba que, nessa equação, intimidade não se ganha; conquista-se. Recebemos a salvação pela graça, mas adquirimos intimidade com Deus por meio de um relacionamento diário com Ele, baseado no exercício constante da oração. Isso é o que chamamos de *tempo devocional*.

O hábito da devoção diária deve ser uma realidade prática e intencional. Escolha um horário fixo, de preferência pela manhã, *antes* de todos os seus compromissos e afazeres. Por meio dessa *atitude*, você deixa claro para Deus que, na sua vida, Ele é o *primeiro*.

Depois que esse horário estiver estabelecido, use-o para se dedicar a um momento de oração à sós com o Senhor. Afinal, falar de Deus com outras pessoas é diferente de falar *com* Deus no secreto em reverência.

Leia a Palavra de Deus, refletindo e meditando sobre o que ela diz. Se possível, escreva, com suas palavras, o que chamou a sua atenção no texto e compartilhe seus entendimentos com alguém. Assim, você se lembrará de que forma as Escrituras podem ser aplicadas nas suas ações diárias. Além disso, procure praticá-las por meio de atitudes ou palavras em algum outro momento de oração do seu dia, pois temos a tendência de esquecer o que demoramos muito tempo para aplicar.

Também adore a Deus em louvor, exalte a Trindade — Pai, Filho e Espírito Santo — no seu ato devocional, com hinos, canções e com palavras de exaltação. Elogie a Deus de todo o seu coração e O engrandeça com declarações em voz alta, se possível. Proclame a grandeza do Senhor e fale o que vem do seu interior.

Lembre-se: o segredo disso está no "*todo dia*". Não será sempre perfeito, incrível ou maravilhoso. Porém, quando buscamos a Deus, não de maneira emocional, mas intencional e racionalmente, todos os dias, podemos, sim, ter experiências incríveis e maravilhosas em alguns momentos. E elas têm o poder de mexer, alterar e transformar até anos da nossa vida. Comparecendo *todo dia* de maneira ordinária, o *extra*ordinário acontece.

O poder da constância e da disciplina é maior do que a efusão do "de vez em quando". Nada supera o impacto a longo prazo que só o "todo dia" traz. É, de fato, um *cultivo*: você planta a semente e continua a regar a terra mesmo sem vê-la brotar, com a convicção de que, apesar disso, ela está germinando. Depois de um tempo, você verá o primeiro broto e seguirá regando, para que a planta seja fortalecida. Um belo dia, ela crescerá, fornecerá sombra, frutos e o que mais for necessário para nossa caminhada com Cristo. Aleluia!

Uma vida devocional não se conquista com emoção, mas com disciplina na oração. Não é sentir para fazer, mas fazer para sentir, até que você e Deus estejam totalmente conectados e inseparáveis.

COMO ORAR?

Em 1Pedro 5.6, lemos: "Humilhai-vos, pois, debaixo da potente mão de Deus [...]". Toda oração deve ser um ato de humilhação. Devemos nos subordinar à potente mão do Senhor, admitir que somos pecadoras e reconhecer nossas falhas como filhas. Precisamos confessar o que temos feito e o que deixamos de fazer, em uma postura de *arrependimento*.

As melhores orações são regadas de confissões honestas e encharcadas de arrependimento verdadeiro. Mesmo que você já esteja cansada e com vergonha de pedir perdão pelos mesmos erros, continue suplicando, chorando e buscando pela misericórdia de Deus. Reconheça sempre a grandeza e a força do Senhor ante a sua pequenez e fraqueza. Enalteça Seu nome e Suas obras, inclusive aquelas que ainda não se realizaram.

Enquanto ora, reconheça a bondade de Deus e agradeça por estar viva independentemente do cenário em que você se encontra. Seja grata pelo privilégio de poder falar com Ele e por todas as bênçãos que vierem à sua mente, sem pressa de encerrar este momento.

E peça; sim, peça! Faça seus pedidos, suas súplicas, apresente suas dores, necessidades e impossibilidades. Diga a Ele como você se sente em relação a tudo que está vivendo. Enquanto estiver abrindo o seu coração, lembre-se de mencionar a Palavra de Deus em oração, na certeza de que Ele é fiel ao que diz e que jamais negará a Si mesmo.

Sua oração pode até ser motivada por simples disciplina ou sacrifício, mas, na maioria das vezes, terminará em um lugar de paz, de prazerosa comunhão, de amor e de profunda intimidade com o Todo-Poderoso. No começo, você pode sentir um vazio e um silêncio que parece fazer mais barulho do que a sua própria voz. Mas terminará, por certo, sentindo-se encorajada e acolhida pela presença de Deus.

Por fim, lembre-se sempre de orar por intermédio do nome de Jesus, o nome que é sobre todo nome, que faz os demônios tremerem e que faz o Céu "descer" até nós; o único nome que nos autoriza e nos legitima a falar com Deus apesar de nós mesmas. Aleluia!

Oração não é somente falar com Deus. Oração é relacionamento que produz intimidade, sensibilidade espiritual, que nos proporciona uma vida de poder, de temor, obediência e vitória.

A nossa oração deve ser sempre direcionada ao Único e Poderoso Deus, Aquele que nos presenteia com tesouros espirituais: cuidado, provisão, orientação, correção. Ela é a força que move a Igreja e o veículo que a leva a desfrutar de todas essas riquezas.

O poder da oração consiste não apenas em pedir, mas em viver uma vida de contínua comunhão com Deus, trazendo os Céus à Terra por meio de nossas súplicas, intercessões e joelhos dobrados. Clamamos na certeza de que tudo o que pedirmos com fé, por meio do nome de Jesus, segundo a Sua vontade, crendo, receberemos!

Tenha sempre em mente que orar é ter comunhão íntima com o Pai e Sua bendita Palavra. Coloque-se em oração constante, suplicando por tudo e todos. De joelhos, a vitória é certa!

Pastora Antonieta Rosa Viera

Assembleia de Deus Vitória em Cristo (ADVEC)

A oração é o oxigênio da nossa vida e nos leva a uma conexão e comunhão diária com Deus. Devemos orar em todo o tempo, pois os dias são maus. Uma vida diária de oração nos torna mais íntimos de Cristo parecidos com Ele, mais sensíveis e obedientes à Sua vontade. Quando oramos, nosso espírito, alma e corpo são renovados e fortalecidos. Nossas orações se perpetuam por gerações e, na hora certa, a resposta para elas chegará. Tenha o seu lugar secreto de intimidade com Seu Pai Celestial. Todos os dias, entre e habite na maravilhosa atmosfera da oração. Nosso Pai, que nos vê em secreto, irá nos recompensar.

Pastora Elizete Malafaia

Assembleia de Deus Vitória em Cristo (ADVEC)

RAQUEL LIMA,
MIDIAN LIMA,
GABRIELA LOPES,
CAMILA BARROS

VAMOS ORAR?

"As *melhores* **orações** são aquelas *encharcadas* de arrependimento verdadeiro."

RAQUEL LIMA,
MIDIAN LIMA,
GABRIELA LOPES,
CAMILA BARROS

Emoções

"Silêncio de *Deus* não é ausência; é cuidado invisível."

Dia 1
VENCENDO A ANSIEDADE

E a paz de Deus, que excede todo o entendimento, guardará os vossos corações e os vossos sentimentos em Cristo Jesus.

• Filipenses 4.7 •

Às vezes, enfrentamos situações que nos desestabilizam emocionalmente, e pode ser assustador perceber que as circunstâncias estão escapando do nosso controle. Existem casos em que nos sentimos encurraladas pelos nossos problemas, quando não há nada que possamos fazer para resolvê-los, a não ser orar. Isso talvez soe desesperador, mas é justamente nesse tipo de cenário que Deus encontra espaço para agir.

Pense comigo: se você fosse capaz de controlar completamente a sua vida, precisaria pedir pela ajuda do Pai? Se tudo estivesse se desenrolando exatamente como você planejou, haveria espaço para a mão de Deus intervir?

É por esse motivo que Paulo afirma: "Quando sou fraco, então é que sou forte" (cf. 2Coríntios 12.10). Em nossos momentos de fraqueza, medo e ansiedade, aprendemos a recorrer à força do Deus todo-poderoso, que é capaz de fazer muito além do que poderíamos imaginar. Nesse lugar de dependência, entendemos que um coração quebrantando e joelhos no chão são mais do que suficientes.

Dessa forma, experimentamos a paz de Deus, que excede todo entendimento. Com fé e confiança, continuamos firmadas nas verdades declaradas pelo Pai: somos Suas filhas amadas e Ele cuida de todos os detalhes da nossa vida, mesmo que não sejamos capazes de perceber com clareza.

Você crê nisso? Então, vamos orar.

Oração

Pai, eu Te glorifico neste dia, porque sei que ouves as orações dos Teus filhos. Confesso que não estou conseguindo lidar com a ansiedade sozinha. Esse sentimento tem apertado o meu peito e acelerado o meu coração, como se algo terrível estivesse prestes a acontecer. Eu me sinto em perigo constante e tenho me preocupado demais com aquilo que não posso controlar.

Oh, meu Pai, ajuda-me, pois, às vezes, choro sozinha e sinto uma angústia que não sei de onde vem. Pai, eu não tenho conseguido orar, nem dormir direito. Sinto-me cansada e, ao mesmo tempo, inquieta. Por isso, corro para Ti agora.

Não quero mais carregar esse peso. Por favor, eu Te suplico, aquieta a minha alma! Faz-me entender que Tu tens o controle da minha vida, mesmo quando as situações ao meu redor me causam medo. Creio que o Teu cuidado é real, que o Teu amor me cobre e que Tu te importas com cada detalhe da minha vida.

Pai, eu não quero mais viver refém do medo. Toma conta do meu presente, do meu futuro e das minhas emoções. A partir de

> hoje, declaro que estarei, em nome de Jesus, firme na certeza de que o meu futuro está completamente guardado em Ti. Que a Tua paz e a Tua alegria inundem o meu ser, em nome de Jesus. Amém!

DECLARAÇÕES

- Jesus me garante a paz que excede todo entendimento.
- Posso descansar, sabendo que Deus cuida de mim em todo tempo.
- O meu futuro está guardado pelo Pai
- O medo não me impedirá de viver os propósitos de Deus!

PARA OUVIR

Aquieta minh'alma - **Ministério Zoe**[1]

Atividade prática

Procure alguém de confiança com quem você possa conversar abertamente: uma amiga próxima, um familiar sensato ou um líder da sua comunidade local. Escolha alguém que saiba ouvir com empatia e que possa orar com você. Não enfrente seus desafios sozinha, pois Deus também usa as pessoas como instrumento de cura em nossa vida.

[1] MINISTÉRIO ZOE. **Aquieta minh'alma.** In: MINISTÉRIO ZOE. *Eu me atrevi a te chamar de Abba.* [s.l.]: Ministério Zoe, 2017. Disponível em: <https://www.youtube.com/watch?v=ANfpF0pNob4&list=RDANfpF0pNob4&start_radio=1>. Acesso em: 18 ago. 2025.

"Somos filhas *amadas* e nosso Pai cuida de **todos** os detalhes da *nossa vida*."

Dia 2

DEUS É MAIOR DO QUE A DEPRESSÃO

O Senhor está perto dos que têm o coração quebrantado e salva os de espírito abatido.

• Salmos 34.18, NVI •

A depressão é uma doença terrível e desafiadora, que drena nossas forças profundamente. Não podemos negligenciar o cuidado com a nossa saúde mental e, sempre que possível, devemos buscar por ajuda profissional, para que essa doença seja tratada da maneira adequada. Mas, além disso, devemos continuar crendo que há cura na presença de Deus.

A Palavra nos ensina que o Senhor permanece conosco em meio às aflições e Ele quer cuidar do nosso coração ao longo desse difícil processo. Às vezes, permitimos que nossos sentimentos falem mais alto do que a Palavra de Deus, o que enfraquece nossa fé e nos faz duvidar do amor do Pai. Por isso, em tempos de extrema angústia, precisamos nos agarrar à verdade: o Senhor está sempre perto.

Em Deus, encontramos amparo, socorro e refúgio. Ele traz alívio para nossas dores e pode curar nossa alma com amor e graça. Mesmo que a solidão tente nos consumir por completo, podemos ter a certeza de que o Senhor caminha ao nosso lado e é poderoso para salvar os de espírito abatido.

Se você tem sido assolada pela depressão, ore comigo agora. Acredite: o Pai pode dar início a um novo tempo em sua vida.

Oração

Pai, coloco-me diante de Ti em oração e, por favor, peço que me escutes, pois estou cansada. Há dias em que me levantar da cama parece uma batalha; sinto uma fadiga extrema e um desgaste infindável. A tristeza profunda tem invadido meu coração e me faz perder a vontade de viver, de sonhar e de acreditar. Por isso, clamo: tem compaixão de mim, meu Pai!

Sorrio por fora, mas parece que estou destruída por dentro. Eu me sinto inútil, sem propósito e sem forças para orar. A minha alma chora, mesmo quando ninguém vê. Tenho a sensação de que estou sozinha, abandonada, e não consigo sentir a Tua presença como gostaria. A verdade é que, às vezes, tenho dificuldade de acreditar no Teu amor. Confesso minha falta de fé, em meio às lágrimas, e peço perdão, porque estou desacreditando de tudo, até de Ti.

Mas eu sei que meus sentimentos são enganosos, por isso escolho me agarrar à Tua Palavra, que é *viva* e *poderosa*.

"*Ele* traz alívio para nossas **dores** e pode curar nossa alma com *amor* e graça."

Mesmo que eu não sinta, sei que ela é capaz de me vivificar. Como está escrito em Salmos 34.18, eu creio que Tu estás perto de mim e que podes me salvar!

Ajuda-me a sentir novamente a Tua presença, por favor, meu Deus. Arrebenta as cadeias desse abismo e me salva. Eu preciso voltar a crer! Apresento-me diante de Ti sem máscaras, sem forças e sem palavras bonitas, apenas com a minha dor, com a minha condição terrivelmente desesperadora, mas com a fé de que Tu ainda podes me levantar. Eu sei que podes, Senhor!

Eu clamo ao Deus da alegria, ao Deus da vida, ao Deus da nova história: arranca a dor da minha alma. Tira esse peso de mim, Senhor. Traz cor para os meus dias novamente. Reacende a chama do Teu amor dentro de mim e me lembra de quem sou em Ti.

Hoje, declaro em alta voz: *o meu Deus é maior do que a depressão*! Eu declaro para o meu cérebro, meus neurônios e minhas sinapses neurais: recebam uma injeção de ânimo e funcionem novamente para o meu bem, para minha alegria e minha força, em nome de Jesus.

Eu oro, crendo em um novo tempo, em nome do Teu Filho amado, Jesus, que é soberano sobre todas as coisas, inclusive sobre a depressão. Em nome de Jesus, amém!

Declarações

- Eu vencerei a depressão, em nome de Jesus!
- Deus está comigo nesta batalha.
- Meu valor não está no que sinto, mas no que Deus afirma sobre mim.

- O Senhor está perto de mim agora e me levanta com Suas mãos de amor.
- A tristeza não define meu destino.
- A alegria do Senhor será restaurada em mim.

Para ouvir

Abba - **Laura Souguellis**[1]

Atividade prática

Leia o salmo 34 e permita que a Palavra de Deus encha o seu coração de esperança.

[1] SOUGUELLIS, Laura. **Abba.** In: SOUGUELLIS, Laura; DUNAMIS MUSIC. *Fornalha Laura Souguellis.* São Paulo: Onimusic; Dunamis Music, 2017. Disponível em: <https://www.youtube.com/watch?v=nBflm0gIKc0&list=RDnBflm0gIKc0&start_radio=1>. Acesso em: 18 ago. 2025.

"O meu *Deus* é *maior* do que a depressão."

Dia 3

VOCÊ É O QUE VOCÊ COME!

Ou não sabeis que o nosso corpo é o templo do Espírito Santo, que habita em vós, proveniente de Deus, e que não sois de vós mesmos?

• 1Coríntios 6.19 •

Existe uma frase que devemos levar para a vida: "As dores que não tratamos, nós as comemos". Acredite, já vi cristãos constantemente falando sobre o perigo dos vícios e da bebida em excesso, mas poucos comentam a respeito da gula. Sim, o exagero com a comida é um pecado que pode ser extremamente prejudicial para a nossa saúde. Assim como precisamos de domínio próprio para controlar nossas emoções, palavras e atitudes, também precisamos desse fruto do Espírito para nos alimentarmos da maneira correta.

Se nosso corpo é templo do Espírito Santo, por que, frequentemente, negligenciamos o autocuidado? Alimentar-se bem, praticar exercícios, ter boas noites de sono e cuidar da saúde mental faz parte de uma vida de adoração ao Senhor. Como Paulo afirma em 1Coríntios 10.31: “Portanto, quer comais, quer bebais ou façais outra qualquer coisa, fazei tudo para a glória de Deus”.

Diante dessas verdades, eu tenho uma pergunta para lhe fazer: você tem glorificado a Deus por meio do cuidado com o seu corpo? A forma como você se alimenta reflete um espírito equilibrado? Ou será que você está se entregando à morte, sem que ninguém saiba? Responda a si mesma. Você tem noção do que come e de como está seu corpo por dentro? Ou está apenas sobrevivendo com um coração impulsivo e dominado pelas emoções?

Por vezes, buscamos na comida o que só o Senhor é capaz de nos oferecer. Por conta da rotina estressante, do medo, das angústias e incertezas que passamos, é comum utilizarmos a comida como fonte de prazer, mas a verdade é que ela apenas nos oferece um alívio passageiro. Somente Cristo é capaz de nos satisfazer por completo, e Ele garante descanso para a alma cansada e sobrecarregada.

Você, que tem enfrentado lutas com a comida, que se sente em descontrole diante dos impulsos, que come não por fome, mas por ansiedade, tristeza ou frustração; você, que tenta se controlar, mas depois se sente envergonhada ou frustrada por ter “exagerado de novo”, ore comigo agora. Mas ore com fé.

Oração

> Pai, agora eu oro e coloco diante de Ti essa compulsão alimentar que tem dominado os meus dias. Senhor, muitas vezes eu como para preencher um vazio e para tentar aliviar uma dor que nem sei nomear. Na verdade, até sei, mas é tão difícil encará-la que prefiro “comer para esquecer”. Às vezes, é a ansiedade

que me empurra para a comida, outras vezes é a tristeza, o cansaço, ou simplesmente a vontade de escapar de algo que estou sentindo.

Mas a verdade, Pai, é que depois que como, o alívio passa rápido, e o que fica é a culpa, a vergonha e a sensação de derrota. Pai, eu me sinto fraca e sem domínio próprio. Porém, hoje, em nome de Jesus, eu clamo por libertação!

Senhor, eu não quero mais ser dominada pela comida, pelos impulsos e pelas emoções. Oro para que o Teu Espírito Santo governe meu corpo, minha mente e minhas escolhas.

Tu és o Deus que me criou com amor e cuidado. Tu conheces meu interior, sabes onde a dor começou e onde o trauma se instalou. Por isso eu peço: cura as raízes dessa compulsão, toca nas feridas que me fizeram procurar consolo onde não há consolo. Ajuda-me, Pai, a encontrar satisfação plena em Ti!

Eu oro conforme as Escrituras e declaro agora: "Posso todas as coisas naquele que me fortalece" (Filipenses 4.13). Sim, Senhor! Em nome de Jesus, eu posso quebrar esse ciclo, fazer boas escolhas e dizer "não" quando preciso; posso viver com equilíbrio e ser livre, porque o Teu Espírito me fortalece!

Tu és o Deus que me sustenta, que me ama mesmo quando me sinto fraca. Tu não desistes de mim! E, hoje, eu escolho me levantar com a Tua força e não com a minha.

Pai, em nome de Jesus, eu declaro: estou entrando em um novo tempo de cura, de domínio próprio e de identidade restaurada; um tempo de comunhão Contigo, no qual a comida não será um refúgio, mas apenas um sustento. Porque o meu verdadeiro refúgio é o Senhor! Eu oro com fé, em nome de Jesus. Amém!

Declarações

- O Espírito Santo me fortalece para vencer meus impulsos!
- Eu sou livre da culpa e do excesso, em nome de Jesus.
- Só Deus é capaz de preencher o vazio da minha alma.
- Deus está curando as raízes emocionais dessa luta!

Para ouvir

Um novo dia - **Get Worship**[1]

Atividade prática

Durante a semana, aprenda a identificar os gatilhos que impulsionam o seu descontrole com a comida: estresse, tristeza, cansaço, frustração. Em vez de se render à compulsão alimentar, quando identificar esses sentimentos, ore e peça a ajuda do Espírito Santo para aprender a lidar com suas emoções.

Lembre-se do convite de Jesus: "Vinde a mim, todos os que estais cansados e oprimidos, e eu vos aliviarei. Tomai sobre vós o meu jugo, e aprendei de mim, que sou manso e humilde de coração, e encontrareis descanso para a vossa alma" (Mateus 11.28-29).

[1] GET WORSHIP; VILLAR, Melk; CRUZ, Vinicius; GET GLOBAL. **Um novo dia.** In: GET WORSHIP; VILLAR, Melk; CRUZ, Vinicius; GET GLOBAL. *Um novo dia - Single.* [s.l.]: Get Worship; Get Global, 2025. Disponível em: <https://www.youtube.com/watch?v=6NvkZY-va0E&list=RD6NvkZY-va0E&start_radio=1>. Acesso em: 18 ago. 2025.

Dia 4

FERIDAS EMOCIONAIS

Ele sara os que têm o coração quebrantado e trata das feridas deles.

• Salmo 147.3 •

Sim, Deus é capaz de curar todos os tipos de feridas, não apenas as físicas, mas também as dores da nossa alma. Por vezes, podemos sentir que jamais seremos capazes de superar as angústias e frustrações que nos assombram, mas o Pai tem alegria em tratar cuidadosamente cada um dos nossos machucados.

Como um médico experiente e zeloso, Ele sabe exatamente do que precisamos para que nossos ferimentos sejam cicatrizados. Além disso, o Senhor é paciente e manso, respeita nossos processos e tem um tempo perfeito para todas as coisas.

Às vezes, a cura acontece em um estalar de dedos, porque nada é impossível para Deus. Mas nem sempre é assim. Existem casos em que Ele não nos sara de uma hora para outra, porque deseja nos ensinar aprendizados valiosos por meio da espera. De qualquer modo, podemos ter certeza de que o Pai permanece sempre conosco e nos ajuda quando clamamos por socorro.

Deus age de maneiras diferentes com cada uma de nós, já que somos seres humanos individuais e temos histórias únicas. Mas algo é comum a todos: Ele nos ama e, se permanecermos nesse amor, encontraremos a vida abundante que apenas Cristo pode nos oferecer. Jesus é o bálsamo que alivia nossas dores e traz cura para todos os machucados do coração.

Você crê nisso? Então, neste momento, feche os olhos, coloque a mão sobre o peito, respire fundo e diga: "Jesus, entra onde dói".

Oração

> Pai, eu Te amo! Tu és o meu Senhor, meu Salvador e meu amigo. Sei que Tu conheces cada uma das feridas da minha alma. Em nome de Jesus, eu Te entrego essas dores silenciosas que me acompanham há tanto tempo, marcas que nasceram de palavras duras, de ausências, de traições, de desprezos e de experiências que me quebraram por dentro.
>
> Eu Te suplico: vem com Teu bálsamo, Senhor! Toca onde ninguém nunca conseguiu tocar. Só o Senhor conhece tudo que eu vivi, tudo que me afetou, tudo que sangra até hoje no meu interior. Em nome de Jesus, cura-me por completo!
>
> Hoje, escolho mais uma vez correr para a Tua presença, meu Pai, porque sei que Tu podes sarar todas as feridas da minha alma. Eu creio que Tu tens poder para transformar dores em testemunhos. Nenhuma ferida é maior do que o Teu toque e nenhum abismo é tão profundo para Ti. Em nome de Jesus, tudo o que me feriu será redimido em honra pelo Teu poder!
>
> Pai, eu não quero mais viver prisioneiro das dores do passado. Eu entreguei minha vida ao Deus que cura, restaura e transforma

> o que foi quebrado. Não há trauma que o Teu amor não possa reconstruir. Não há lembrança que o Teu Espírito não possa renovar. Eu Te entrego tudo, Senhor, porque sei que fazes novas todas as coisas. Assim eu oro, em nome de Jesus. Amém!

Declarações

- Minhas dores não me definem.
- Minhas feridas serão transformadas em testemunhos.
- O toque de Deus está me restaurando agora!
- Nenhuma ferida é maior do que o amor de Deus por mim!

Para ouvir

Quem dizes que eu sou
Hillsong em português[1]

Atividade prática

Lembre-se: você não precisa enfrentar suas feridas sozinha. Deus nos criou para vivermos em comunhão, e parte do processo de cura envolve sermos vulneráveis diante de pessoas maduras na fé. Ainda nesta semana, procure conselhos e apoio nos líderes e pastores da sua igreja local, pois eles podem caminhar com você em oração e cuidado.

[1] HILLSONG EM PORTUGUÊS. **Quem dizes que eu sou.** In: HILLSONG EM PORTUGUÊS. *Quem dizes que eu sou - Single.* Sydney: Hillsong Music, 2018. Disponível em: <https://www.youtube.com/watch?v=UOyy3dGbwj0&list=RDUOyy3dGbwj0&start_radio=1>. Acesso em: 18 ago. 2025.

"Deus deseja
nos *ensinar*
aprendizados
valiosos por meio
da espera."

Dia 5
O BOM ENCONTRO

E disse: Ó Senhor, Deus de meu senhor Abraão, dá-me, hoje, bom encontro e faze beneficência ao meu senhor Abraão!

• Gênesis 24.12 •

No capítulo 24 de Gênesis, lemos a história de como Rebeca, futura esposa de Isaque, foi encontrada. Abraão pede a seu servo que busque uma mulher para seu filho em meio à sua parentela, e não entre os cananeus. Seguindo a ordem de seu senhor, ele viaja para a Mesopotâmia e pede a Deus um sinal: "Eis que eu estou em pé junto à fonte de água, e as filhas dos varões desta cidade saem para tirar água; seja, pois, que a donzela a quem eu disser: abaixa agora o teu cântaro para que eu beba; e ela disser: Bebe, e também darei de beber aos teus camelos, esta seja a quem designaste ao teu servo Isaque; e que eu conheça nisso que fizeste beneficência a meu senhor" (Gênesis 24.13-14).

A Bíblia conta que, antes mesmo que o servo de Abraão terminasse sua oração, Rebeca surgiu para tirar água da fonte e de beber a ele e a seus camelos, exatamente como ele havia orado. De fato, Deus se importa com a nossa vida emocional e com os desejos do nosso coração. Muitas de nós temos o anseio de nos casar e construir uma família que glorifique o nome do Senhor, mas precisamos confiar que Ele opera a nosso favor e que estabeleceu um tempo certo para todas as coisas debaixo do céu (cf. Eclesiastes 3.1).

Esperar pelo encontro certo pode ser desafiador e até doloroso, especialmente quando ouvimos afirmações negativas ou sentimos a pressão do tempo. Mas a Palavra de Deus nos garante que Ele está atento a cada detalhe e que a vontade d'Ele para nós é boa, perfeita e agradável (cf. Romanos 12.2). Por isso, se você está solteira, não se desespere nem permita que as mentiras do Inimigo contaminem a sua mente. Em vez disso, siga a instrução de Cristo: busque em primeiro lugar o Reino de Deus (cf. Mateus 6.33), crendo que o Pai suprirá todas as necessidades do seu coração.

Neste momento de oração, entregue ao Senhor suas dúvidas e os desejos da sua alma. Creia que Ele a conduzirá para o encontro que trará paz, amor e plenitude em sua jornada.

Oração

Pai, em nome de Jesus, oro por um bom encontro! Sei que já preparaste o meu futuro e que aquele que me levará ao altar já foi escolhido por Ti. Eliezer pediu ao Senhor, em oração, uma confirmação, e a Tua Palavra diz que, ao terminar de orar, Rebeca estava à sua frente. Da mesma forma, eu Te peço: apresenta-me meu esposo!

Tenho ouvido que já passou o meu tempo, mas confio que o Senhor me dará uma família. Quantas vezes eu cheguei a pensar que nasci para viver sozinha, mas a Tua Palavra diz que Tu fazes o solitário habitar em família (cf. Salmos 68.6). Por isso, confio que não estás atrasado, mas cuidas zelosamente de mim. Sei que te importas comigo e que não me deixarás só.

Confio em Ti, Pai, pois Tu conheces melhor do que eu. Tua Palavra diz que Rute estava a colher espigas, totalmente ocupada, e Tu trouxeste para ela honra e restauraste a sua sorte (cf. Rute 2).

Então, cuida, Pai, da minha vida sentimental. Não me anteciparei, mas confiarei que serei encontrada, como diz a Tua Palavra. Traz paz à minha alma e descanso ao meu coração. Em nome de Jesus, amém!

Declarações

- O tempo do Senhor é melhor que o meu; por isso, espero crendo que tens o melhor para mim.
- A ansiedade do meu coração não me tornará refém de mim mesma.
- Confio no cuidado fiel do Senhor em cada etapa da minha vida.
- Minha espera é ativa, cheia de fé e esperança.
- Meu coração está aberto para receber o amor que Deus preparou para mim.
- Serei encontrada no tempo certo e essa união trará bênçãos e crescimento.
- Toda dúvida e medo estão sendo lançados fora pelo poder do Espírito Santo.
- O Senhor prepara encontros abençoados, e eu viverei essa promessa com alegria.

Para ouvir

Vai se cumprir

Camilly Vitória & Kiara Vitória[1]

Atividade prática

Durante esta semana, reserve um momento diário para meditar em versículos que falam sobre o cuidado e o tempo de Deus para a sua vida sentimental. Anote em um caderno o que Deus falar ao seu coração. Se sentir, escreva uma carta ao seu futuro esposo, declarando suas expectativas sob a direção de Deus. Confie e entregue essa carta ao Senhor em oração.

[1] VITÓRIA, Camilly; VITÓRIA, Kiara. **Vai se cumprir.** In: VITÓRIA, Camilly; VITÓRIA, Kiara. *Vai se cumprir*. Sâo Paulo: Todah Music, 2022. Disponível em: <https://www.youtube.com/watch?v=G5cnXW9AapQ&list=RDG5cnXW9AapQ&start_radio=1>. Acesso em: 18 ago. 2025.

Dia 6

AGUENTE UM POUCO MAIS!

Ora, a fé é o firme fundamento das coisas que se esperam e a prova das coisas que se não veem.

• Hebreus 11.1 •

No decorrer da nossa caminhada com Jesus, é comum enfrentarmos momentos de espera por diferentes motivos: talvez você esteja esperando por uma oportunidade de emprego, por uma aprovação no vestibular, por um marido, por uma cura — física ou emocional —, por um milagre na sua casa ou em sua vida espiritual.

Sim, todas nós teremos de aguardar pela resposta do Senhor em alguma fase da vida, e, frequentemente, sentimos que essas estações se tornam muito longas e difíceis de suportar. No entanto, o tempo de espera é a peneira que Deus usa para separar os que confiam n'Ele dos que confiam em si mesmos.

A Palavra de Deus nos garante que Ele é fiel e que trabalha a nosso favor, mesmo quando não enxergamos. Afinal, como lemos em Hebreus, a fé é a certeza das coisas que não se veem. Então, minha amiga, se você sente que Deus está "em silêncio", permaneça crendo.

Ter fé pela metade é duvidar. Ou você acredita e espera em Deus, ou você duvida de tudo o que Ele disse. Não há meio termo: é crer ou não crer.

Se Deus ainda não respondeu, não significa que Ele não está ouvindo, pois a Bíblia é clara: o Senhor permanece conosco em todo tempo. Mas, às vezes, por Sua bondade e graça, Ele nos faz esperar para nos ensinar. Sim, amiga, nosso caráter é aperfeiçoado enquanto esperamos. Dessa forma, nós nos tornaremos filhas ainda mais maduras e convictas do poder do Pai.

Pode ser que você já tenha orado diversas vezes, já tenha chorado em silêncio e parece que nada acontece. Porém, apesar dos motivos convincentes que você tem para desistir, quero encorajá-la neste dia: continue crendo nas promessas do Senhor! Ele cuida de nós e tem o tempo perfeito para todas as coisas.

Faça um favor a si mesma e entregue seus planos ao Pai em oração. Creia que absolutamente tudo, até a dor da espera, coopera para o bem daqueles que amam a Deus (cf. Romanos 8.28).

Vamos orar juntas? Coloque a mão sobre o peito e diga: "Senhor, renova minha esperança enquanto eu aguardo!".

Oração

> Pai, em nome de Jesus, eu me coloco diante de Ti e Te entrego cada promessa que ainda não se cumpriu em minha vida. Eu confesso, Senhor: há dias em que meu coração se cansa. Eu tenho esperado por tanto tempo e, às vezes, me sinto esquecida, frustrada e cansada. Porém, hoje, eu escolho confiar mais uma vez.
>
> Pai, por favor, ajuda-me a enxergar a minha realidade sob a Tua ótica. Eu Te suplico: ajuda-me a não duvidar do Teu tempo, renova a minha fé e me faz lembrar que Tu és fiel, que não mentes

"Ter *fé* pela metade é **duvidar.**"

e que nunca mentiste. Tu não Te esqueces de nenhuma palavra que saiu da Tua boca e tens o controle da minha história, mesmo quando parece que nada está se movendo.

Ajuda-me a crer! Assim como afirmou o profeta Habacuque, eu permanecerei vigilante e esperarei em oração até que o Senhor me entregue uma resposta (cf. Habacuque 2.1).

Pai, eu decido confiar, porque sei que sempre és fiel em todas as Tuas promessas. Como bem diz a Tua Palavra: "Palavra alguma falhou de todas as boas palavras que o SENHOR falara à casa de Israel; tudo se cumpriu" (Josué 21.45).

Meu Deus, eu Te peço que as palavras de Isaías se cumpram em minha vida: "Mas os que esperam no SENHOR renovarão as suas forças e subirão com asas como águias; correrão e não se cansarão; caminharão e não se fatigarão" (Isaías 40.31). Enquanto espero, o Senhor me fortalece! Eu sei em quem tenho crido e confio no Teu caráter, meu Deus. Tu és fiel, mesmo quando eu falho.

Pai, em nome de Jesus, decido esperar com esperança, porque entreguei minha vida ao Deus que não atrasa, mas prepara tudo com perfeição. Mesmo que as circunstâncias indiquem o contrário, eu creio que ainda verei o cumprimento da Tua palavra. Eu oro por meio do nome que carrega toda promessa: o nome de Jesus. Amém.

Declarações

- A promessa de Deus se cumprirá no tempo certo.
- Enquanto espero, sou fortalecida.
- Deus está trabalhando no invisível.

- O Senhor é fiel e não mente.
- Em nome de Jesus, viverei as promessas de Deus!

Para ouvir

Deus de promessas - Davi Sacer[1]

Atividade prática

Leia com atenção o salmo 42 e permita que o Espírito Santo fortaleça a sua fé enquanto você medita na Palavra.

[1] SACER, Davi. **Deus de promessas.** In: SACER, Davi. *No caminho do milagre (Ao vivo)*. Rio de Janeiro: Som Livre, 2011. Disponível em: <https://www.youtube.com/watch?v=03QIkzzom1s&list=RD03QIkzzom1s&start_radio=1>. Acesso em: 18 ago. 2025.

"Nosso **caráter**
é *aperfeiçoado*
quando
esperamos
em *Deus*."

Dia 7

SE NÃO FORTALECE A SUA FÉ, ESQUEÇA!

Bem-aventurado o varão
que não anda segundo o
conselho dos ímpios, nem se detém
no caminho dos pecadores,
nem se assenta na roda
dos escarnecedores.

• Salmos 1.1 •

Você já ouviu a frase "antes sozinha do que mal acompanhada"? De fato, as más companhias nunca serão a melhor escolha, mas sabemos que, em Cristo, jamais estaremos sozinhas. Temos a tendência de insistir em certas amizades e relacionamentos que nos prejudicam e nos afastam da presença de Deus, talvez por carência ou medo da solidão. Porém, como filhas do Pai, carregamos uma promessa: "De maneira alguma te deixarei, nunca jamais te abandonarei" (Hebreus 13.5, ARA).

Mais do que isso, Deus não deseja que andemos sozinhas e Ele mesmo coloca em nosso caminho pessoas que nos ajudarão em nossa jornada de fé. Por isso, você pode abrir mão das más influências e pedir para que Deus lhe apresente os amigos d'Ele. Peça sem medo, Deus une pessoas, e nós somos a prova viva disso.

Minha amiga, creia que o Senhor reserva relacionamentos saudáveis para você, com o objetivo de transformá-la em uma mulher cada vez mais madura, cheia do Espírito Santo e satisfeita em Jesus. Lembre-se: pessoas do mesmo caráter normalmente andam juntas.

Como lemos em Salmos 1.1, feliz é aquele que se afasta dos ímpios e imprudentes, que insistem em fazer más escolhas. Em vez de se prender a pessoas que não lhe acrescentam, corra na direção de Cristo e, com certeza, você encontrará aqueles que estão caminhando para o mesmo destino.

Se você tem vivido relacionamentos que drenam suas forças e sente que precisa cortar certas amizades, vamos orar juntas. Acredite: o Espírito Santo de Deus é capaz de quebrar ciclos, curar o seu coração e reposicionar a sua rota. Ele pode remover da sua vida e arrancar da sua mesa quem não combina com o destino para o qual você está caminhando. E Ele faz isso para que você ande na companhia de Jesus e de Seus amigos.

Oração

> Pai, eu abro meu coração e coloco diante de Ti os laços que tenho insistido em manter, mesmo sabendo que não vêm de Ti: relacionamentos que me desanimam, que me confundem e que me afastam do meu propósito.
>
> Em nome de Jesus, eu peço: mostra-me quem deve permanecer e quem precisa partir. Dá-me discernimento para reconhecer os vínculos que são bênção e aqueles que são laços de prisão. Pai, Tu conheces meu coração, sabes o quanto eu já fui

machucada, diminuída e manipulada. Por isso, não quero mais andar com ímpios e imprudentes.

Eu sei que a Tua palavra me traz direcionamento e me ensina que as más companhias corrompem os bons costumes (cf. 1Coríntios 15.33). Reconheço que, em alguns momentos, tenho me calado diante do pecado, aceitado o que fere, e me adaptado ao que não é saudável. Mas hoje, Pai, eu me levanto, em nome de Jesus!

Senhor, entendo que há relacionamentos que precisam ter fim para que novos começos venham. Então eu Te suplico: fecha as portas que eu não consigo fechar. Tira de perto de mim quem o Senhor já tirou da minha história, mas que eu insisto em manter por perto.

Tu és o Deus que sonda os corações, que liberta cativos, que guarda os Teus filhos.

Tu és o Deus que separa para proteger. Mesmo que alguns saiam da minha vida e que eu enfrente momentos de solidão, eu sei que o Teu cuidado é melhor do que qualquer companhia errada.

Pai, em nome de Jesus, fecha ciclos, rompe vínculos tóxicos e cura meu coração de toda dependência emocional. Dá-me sabedoria para reconhecer o que vem do Céu e coragem para renunciar o que não vem. Em nome de Jesus, amém!

Declarações

- Eu não andarei com quem me afasta de Deus.
- Toda companhia tóxica será removida da minha vida, em nome de Jesus.

- Deus está me cercando de conexões saudáveis.
- Meu coração será curado de toda dependência emocional.

Para ouvir

Me ama - **Lukas Agustinho**[1]

Atividade prática

Decore Provérbios 13.20: “Anda com os sábios e serás sábio, mas o companheiro dos tolos será afligido”.

[1] AUGUSTINHO, Lukas. **Me ama.** In: DIANTE DO TRONO. *Sol da Justiça - Diante do Trono 14 (Live).* Belo Horizonte: Diante do trono, 2011. Disponível em: <https://www.youtube.com/watch?v=LYNthRcnUis&list=RDLYNthRcnUis&start_radio=1>. Acesso em: 18 ago. 2025.

Dia 8

CALA-TE, BOCA!

Como a cidade derribada,
que não tem muros,
assim é o homem que não pode
conter o seu espírito.

• Provérbios 25.28 •

O provérbio que acabamos de ler nos ensina algo valioso: quando não temos domínio próprio, corremos o risco de carregar um "demônio próprio". Por causa disso, nós nos tornamos tão vulneráveis que passamos a andar desprotegidas e disponíveis aos ataques do Inimigo. Afinal, se não soubermos controlar nossos impulsos, como seremos capazes de resistir às tentações?

Ou seja, sem domínio próprio, damos lugar às obras da carne: "[...] prostituição, impureza, lascívia, idolatria, feitiçarias, inimizades, porfias, emulações, iras, pelejas, dissensões, heresias, invejas, homicídios, bebedices, glutonarias e coisas semelhantes a estas, acerca das quais vos declaro, como já antes vos disse, que os que cometem tais coisas não herdarão o Reino de Deus" (Gálatas 5.19-21). Você está entendendo ou está fingindo?

Percebe quão séria é essa afirmação de Paulo? Minha amiga, não podemos viver como uma cidade sem muros, pois ela é um alvo fácil para o Inimigo! Por isso, precisamos nos proteger e permanecer vigilantes contra os impulsos da nossa carne.

Felizmente, não estamos sozinhas nessa batalha: Cristo nos deixou um ajudador, o Espírito Santo. Se nos enchermos do Espírito de Deus, Ele produzirá em nós o Seu fruto, e estaremos aptas para resistir às armadilhas que tentam nos afastar da presença do Pai. Em Lucas 11.13, Jesus afirma: "Pois, se vós, sendo maus, sabeis dar boas dádivas aos vossos filhos, *quanto mais dará o Pai celestial o Espírito Santo àqueles que lho pedirem?*". Então, hoje, vamos pedir com fé para que o Pai nos encha com Seu poderoso Espírito.

Você, que tem lutado contra impulsos, reações descontroladas, hábitos que já tentou mudar muitas vezes, mas sempre volta ao mesmo lugar; você, que deseja viver em equilíbrio, ter controle sobre seus pensamentos, emoções e atitudes, coloque a mão sobre o seu coração e diga com fé: "Senhor, ensina-me a ser governada pelo Teu Espírito". Ore comigo agora.

Oração

> Pai, coloco diante de Ti minhas reações explosivas, minhas palavras impensadas e os meus exageros. Confesso que, às vezes, ajo sem pensar, falo o que não devo, reajo com raiva e, depois, eu me arrependo. É como se eu estivesse travando uma batalha diária dentro de mim.
>
> Apesar disso, Senhor, eu não quero mais ser escrava das minhas emoções. Por isso, clamo: tem misericórdia de mim! Ensina-me o caminho do domínio próprio. Eu quero ser guiada pelo Espírito e não pelos impulsos. Quero Te honrar até nas

"Precisamos nos *proteger* e permanecer *vigilantes* contra os impulsos da nossa carne."

pequenas atitudes, nas escolhas diárias e no que decido fazer quando ninguém está olhando.

A Tua Palavra diz: "Porque Deus não nos deu o espírito de temor, mas de fortaleza, e de amor, e de moderação" (2Timóteo 1.7). E eu creio nisso! Em nome de Jesus, sei que o Senhor me capacitou para vencer. O domínio próprio faz parte da nova vida que o Senhor me deu, e desejo viver nessa plenitude.

Tem misericórdia de mim, Pai, pois não quero mais andar vulnerável, exposta como uma cidade sem muros, sendo dominada por sentimentos ruins. Cerca-me com Teus muros de proteção e me firma em Ti todos os dias, Pai.

Gera em mim, Senhor, os frutos do Teu Espírito: amor, alegria, paz, paciência, benignidade, bondade, fidelidade, mansidão e domínio próprio. Senhor, molda-me e me transforma! Troca o meu ímpeto por equilíbrio, e a minha fraqueza pela Tua força.

Eu declaro, na autoridade que há no nome de Jesus e com muita fé: Tu és o Deus que governa Céus e Terra, que comanda os ventos e mares. Assim como Tu tens poder para ordenar o Universo, também tens poder para ordenar a minha alma. Então, toma o controle das minhas reações, dos meus pensamentos e decisões.

Pai, em nome de Jesus, eu me levanto hoje para vencer essa guerra interna, porque o Teu Espírito habita em mim e me fortalece. Eu não andarei mais em círculos, repetindo os mesmos erros. Em nome de Jesus, eu viverei de forma equilibrada e cheia da Tua presença. Eu oro no nome que está sobre todo nome: o nome de Jesus. Amém!

Declarações

- Eu tenho a mente de Cristo, e Ele me fortalece!
- O Espírito Santo me guia em equilíbrio e sabedoria.
- Eu sou livre dos impulsos que tentam me dominar.
- O fruto do Espírito Santo cresce em mim a cada dia.
- Eu sou constante, equilibrada e fortalecida em Deus!

Para ouvir

Me ajude a melhorar - **Eli Soares**[1]

Atividade prática

Decore Gálatas 5.22-23: "Mas o fruto do Espírito é: amor, alegria, paz, longanimidade, benignidade, bondade, fidelidade, mansidão, domínio próprio [...]" (ARA).

[1] SOARES, Eli. **Me ajude a melhorar.** In: SOARES, Eli. *Casa de Deus.* Rio de Janiero: Um Entretenimento Ltda.; Universal Music International, 2014. Disponível em: <https://www.youtube.com/watch?v=89NeyF8qTIg&list=RD89NeyF8qTIg&start_radio=1>. Acesso em: 18 ago. 2025.

Oração é meu alimento: "Como o cervo brama pelas correntes das águas, assim suspira a minha alma por ti, ó Deus" (Salmos 42.1). Orar, para mim, é respirar. Nosso encontro é íntimo, sem protocolos, sem barreiras, sem esperas. Na presença do meu Amado, tenho toda liberdade. Oração não é obrigação, é comunhão. É privilégio dos filhos que conhecem o coração do Pai. Orar é amar sem reservas, é abraçar o Eterno aqui e agora. É desfrutar do Céu, mesmo enquanto ainda caminho na Terra. É alimento que sustenta, é fonte que sacia, é descanso para a alma sedenta. Na oração, meu espírito encontra repouso, meu coração se alinha com os Céus e minha vida se enche da doce presença d'Aquele que é tudo em mim.

Pastora Laura Guerra

Igreja Batista Filadélfia em Brasília

A oração é a chave da vitória!

Maria Augusta

Assembleia de Deus Vitória em Cristo (ADVEC)

Orando, o homem ajoelhado vê-se de pé. E, quando orando de pé, vê-se totalmente prostrado. Anjos podem desejar ser homens só para orar. Mas são os homens que oram os que mais se fazem como anjos, tornando-se mensageiros e despenseiros na vida de alguém.

Pastora Helena Raquel

Assembleia de Deus Vida na Palavra (ADVIP)

RAQUEL LIMA
MIDIAN LIMA
GABRIELA LOPES
CAMILA BARROS

Família

"Nosso *clamor* não precisa ser **perfeito** para ter efeito."

Dia 9

LIBERTANDO PELO AMOR

> Então, respondeu Jesus e disse-lhe: Ó mulher, grande é a tua fé. Seja isso feito para contigo, como tu desejas. E, desde aquela hora, a sua filha ficou sã.
>
> • Mateus 15.28 •

Você já leu a história da mulher cananeia? Na Bíblia, podemos encontrá-la no capítulo 15 do Evangelho de Mateus, dos versículos 21 ao 28. No verso 22, lemos o clamor dessa mulher ao se encontrar com Jesus: "[...] Senhor, Filho de Davi, tem misericórdia de mim, que minha filha está miseravelmente endemoninhada".

Sua atitude nos ensina um aprendizado valioso: a fé é o combustível que nos impulsiona a continuar lutando pelos outros por quem eles *são*, sem nos importarmos com como ou onde *estão*. Sim, a filha da mulher cananeia *estava* endemoninhada, mas *era* filha, uma identidade independente do seu estado passageiro. O nosso *clamor* a Cristo é capaz de tirar do

Diabo o poder temporário e de nos devolver o amor permanente pelos nossos familiares.

A cananeia não podia arrastar fisicamente sua filha endemoninhada até Jesus, mas levou a menina em seu coração e em sua boca, por meio do clamor que fazia com fé enquanto gritava por Ele, e isso foi suficiente! Da mesma forma, devemos insistir e lutar pela nossa família. Não desista daqueles que são importantes para você, mesmo que essas pessoas estejam em condições ruins. Não desista de quem está endemoninhado!

Em Mateus 15.28, Cristo responde: "[...] Ó mulher, grande é a tua fé. Seja isso feito para contigo, como tu desejas [...]". Jamais encare a fé como algo que lhe resta, porque ela não é *só* o que você tem; a fé *é* *tudo* o que temos, e, por meio de Jesus, é suficiente para conquistarmos o que desejamos receber. Ela deve ser a sua escolha, não o seu resto!

A segunda lição que aprendemos com a mulher cananeia é que nosso clamor não precisa ser perfeito para ter efeito. Ele deve ser apenas verdadeiro, vindo de um coração cheio de fé e amor. Assim como aquela mãe, que não parou de clamar até receber o que só Jesus podia fazer por sua filha — e ela recebeu —, você também receberá o que só Ele pode fazer!

Então, use a sua fé e não pare de clamar por aqueles que você sabe quem são, independentemente de onde ou como estejam. Por meio do clamor, leve-os até Deus, em nome de Jesus. Não pare de crer; não pare de clamar!

Oração

Antes de iniciarmos esta oração, sugiro que você vá para um lugar reservado, onde possa falar em voz alta, se possível.

Clame comigo neste momento:

Senhor, Filho de Davi, tem misericórdia de mim, por favor. Em nome de Jesus, socorre-me e liberta

____

(escreva aqui o nome do seu familiar, ex.: filho, marido, irmã) do poder das trevas.

Desfaz todo trabalho do Inimigo, abre o entendimento, alcança, liberta e salva essa vida para a glória do Teu nome, Jesus! Não permitas que o Inimigo destrua essa pessoa, mas escuta meu clamor neste dia, por Tua bondade e graça. Senhor, eu Te suplico: atende-me, por favor, em nome de Jesus.

Sei que és grande em amor e em misericórdia, que tens todo poder no Céu e na Terra, que Teu nome é sobre todo nome, e Teu poder, sobre todos os poderes. Por misericórdia da minha vida, que está ligada a Ti, eu clamo para que Tu alcances essa pessoa, que está ligada a mim, e que a libertes, em nome de Jesus, de todos os espíritos que se opõem à Palavra do Senhor, liberada para a minha casa e para a minha família.

Tira a força do poder do Inimigo de sua vida, acaba com o plano de destruição e de morte que Satanás arquitetou contra a minha família, por favor, Jesus! Eu Te clamo: muda o quadro, para que eu diga em alta voz: "Eu e a minha casa servimos ao Senhor!".

Por favor, Jesus, faz por mim o que eu não posso fazer. Eu não salvo, mas o Senhor é salvação; eu não liberto, mas o Senhor é nosso Libertador. Então, por favor, eu Te suplico: liberta essa vida das garras do Maligno e do poder das trevas. Que Tu a chames pelo nome para a Tua maravilhosa luz, e que a transportes, no mundo espiritual, para o Teu Reino, o Reino do Filho do Teu amor.

Por favor, como aquela mulher, eu também Te suplico: "Jesus, Filho de Davi, tem misericórdia de mim!". Em nome de Jesus, amém e amém.

Declarações

- Não desistirei da minha família.
- Em nome de Jesus, creio que o poder de Deus é capaz de desfazer todo plano do Inimigo contra minha casa.
- Jesus pode libertar e transformar.
- Minha fé em Cristo é maior do que a condição atual de quem eu amo!

Para ouvir

Eu e minha casa - **Léa Mendonça**[1]

Atividade prática

Durante um mês, separe um momento do seu dia para orar especificamente pelas pessoas da sua família que mais precisam de libertação e salvação.

[1] MENDONÇA, Léa. **Eu e a minha casa.** In: MENDONÇA, Léa. *Apenas uma Voz.* Rio de Janeiro: MK Music, 2006. Disponível em <https://www.youtube.com/watch?v=eT3c5nLxJBU>. Acesso em: 18 ago. 2025.

Dia 10

ATÉ ELE CHEGAR

Por este menino orava eu; e o SENHOR me concedeu a minha petição que eu lhe tinha pedido. Pelo que também ao SENHOR eu o entreguei, por todos os dias que viver; pois ao SENHOR foi pedido (...).

• 1 Samuel 1.27-28 •

Estas são as palavras de Ana, mulher de Elcana e mãe de Samuel — o menino pelo qual ela orou, pedindo a Deus para ser mãe, e o Senhor lhe atendeu. A Bíblia conta que Deus operou um milagre em seu ventre, mas, até seu filho chegar, o que ela fez?

A Bíblia conta que Ana permaneceu em oração e fez um voto: "[...] SENHOR dos Exércitos! Se benignamente atentares para a aflição da tua serva, e de mim te lembrares, e da tua serva te não esqueceres, mas à tua serva deres um filho varão, ao SENHOR o darei por todos os dias da sua vida, e sobre a sua cabeça não passará navalha" (1Samuel 1.11). Só Deus poderia conceder o que ela tanto ansiava, e assim Ele o fez. Por isso, seu filho passou a pertencer ao Senhor todos os dias de sua vida.

Veja, ela queria muito um filho, mas decidiu dá-lo ao próprio Deus. Antes mesmo de ser mãe, Ana entendeu que o propósito de todo ser humano deve ser para a glória de Deus, e não de si mesmo. Que honra seria poder cuidar de alguém que pertenceria ao Senhor, e isso lhe bastava!

A conduta de oração de Ana nos ensina qual deve ser a nossa real motivação ao pedirmos pela cura da infertilidade. A fim de agradar Aquele que é poderoso para fazer infinitamente mais do que pedimos ou pensamos, não devemos pedir algo por vaidade, para corresponder a uma expectativa da sociedade ou, que Deus nos livre, por vingança ou vanglória. Que possamos buscar o milagre da gestação para a glória de Deus, sempre!

Ainda no primeiro capítulo de 1Samuel, lemos sobre a outra esposa de Elcana, Penina, que tinha filhos e provocava Ana constantemente. Enquanto Ana considerava as ofensas de sua rival mais importantes do que os propósitos de Deus, suas orações pareciam não passar do teto do templo. Mas, quando entendeu que tudo o que fazemos deve ser para a honra e glória de Deus, o Pai abençoou sua petição, e ela gerou Samuel.

Talvez, assim como Ana, você tem sofrido por conta da infertilidade. Hoje, vamos orar para que o Senhor realize um milagre em sua vida. Mas, antes, com muito temor e respeito a tudo o que você tem passado, quero que entenda dois pontos importantes. Primeiramente, lembre-se de que o Senhor se importa mais com a motivação do nosso coração do que com as palavras bonitas que proferimos em nossas orações.

Em segundo lugar, precisamos estar cientes de que, quando esperamos por algo que só Deus pode fazer, Satanás tentará de tudo para converter a dor da nossa esterilidade em ofensa. O objetivo do Inimigo é fazer com que a sua angústia pareça maior do que a obra que Deus tem para realizar em você durante a espera. Ele usará as "Peninas" ao seu

"Antes mesmo que as *coisas* aconteçam, *entregue-as* a Deus!"

redor para fazê-la se sentir pequena e desprezível. Então, guarde isto: antes de experimentar um milagre em seu ventre, você será colocada à prova para que aprenda a guardar o seu coração.

Faça como Ana: apresente a Deus a sua petição, mas peça com pureza de coração. Não deixe nada nem ninguém — incluindo você mesma — macular o propósito do Senhor. Entregue tudo para Ele, antes mesmo de acontecer, e peça para a glória de Deus.

Vamos fazer essa petição juntas?

Oração

Senhor, Deus e Pai, em nome de Jesus, eis-me aqui para Te agradecer pelo dom da vida que me deste, pelo ventre que me gerou e pela semente que meu pai semeou. Obrigada, pois, se estou aqui, se tenho vida e Te conheço, é porque Tu me viste quando eu ainda era só uma massinha na barriga da minha mãe. Glória ao Teu nome, pois, de modo poderoso e incrível, Tu me formaste no ventre daquela que me gerou.

Assim como me deste vida para viver, peço-Te: dá-me também vida para gerar! Em nome de Jesus, concede-me uma vida que também possa gerar vida. Multiplica, através de mim, o que primeiro fizeste em mim. Abençoa-me e multiplica em mim a semente do meu marido. De um modo incrível e maravilhoso, como nos fizeste, faz também os nossos filhos, que virão depois de nós, para que a nossa descendência continue a dizer que só o Senhor é Deus!

Glorifica Teu nome em nossa casa, multiplica as almas da nossa família, para que as gerações além de nós sigam contando os Teus maravilhosos feitos por longos anos. Abre a minha madre, como o Senhor abriu a de Ana. Abençoa a semente do meu esposo em meu ventre, com vida próspera e saúde. Permite-me contar aos meus filhos sobre os feitos do Senhor e ensinar a eles o caminho em que devem andar: para sempre na Tua presença.

Esse é o meu maior desejo, meu Senhor. Todavia, seja feita a Tua vontade, pois eu não suportaria nada fora dela. Essa é a petição que Te faço hoje, e que, ainda por dias e dias, eu a farei, pois permanecerei no lugar de oração a Te esperar. Eis-me aqui, até ele chegar. Sou Tua serva; cumpra-se em mim a vontade do Senhor. Em nome de Jesus, amém.

Declarações

- Assim como o Senhor me deu vida, Ele também pode me conceder vida para gerar.
- Meu ventre é solo consagrado ao Senhor, e minha oração é por filhos que pertencerão a Ele.
- Permanecerei no lugar de oração.
- Acima de tudo, que seja feita a vontade do Senhor na minha vida.

Para ouvir

Entrega (A Deus toda glória)

Aline Barros[1]

[1] BARROS, Aline. **Entrega / A Deus toda glória.** In: BARROS, Aline. *Graça.* Rio de Janeiro: MK Music, 2013. Disponível em: <https://www.youtube.com/watch?v=B-YK4uGmh74>. Acesso em: 18 ago. 2025.

Atividade prática

Durante esta semana, reflita sobre Provérbios 4.23: "Sobre tudo o que se deve guardar, guarda o teu coração, porque dele procedem as saídas da vida". Neste tempo de espera, permaneça atenta e vigilante contra as ciladas e mentiras do Inimigo, sondando sua mente com as verdades da Palavra. Não permita que as ofensas falem mais alto do que a voz de Deus em seu coração.

Dia 11

HERANÇA BENDITA

Não se vendem dois passarinhos por um ceitil? E nenhum deles cairá em terra sem a vontade de vosso Pai. E até mesmo os cabelos da vossa cabeça estão todos contados. Não temais, pois; mais valeis vós do que muitos passarinhos.

• Mateus 10.29-31 •

No tempo em que vivemos, percebemos o quão rapidamente a maldade tem crescido, e as mentiras se espalham na mente de jovens e crianças com uma facilidade assustadora. Se você é uma mãe cristã, provavelmente se esforça ao máximo para indicar o melhor caminho aos seus filhos. Porém, talvez se sinta constantemente atacada por inseguranças, medos e incertezas.

A verdade é que, apesar da nossa dedicação, não podemos controlar tudo o que acontece na vida de nossas crianças e adolescentes, pois somos humanas, limitadas e imperfeitas. No entanto, servimos a um Deus onipresente, onisciente e onipotente, que cuida de cada uma de nós individualmente. Como lemos no Evangelho de Mateus, se Ele guarda tão atentamente os passarinhos, quanto mais a vida de nossos filhos, muito mais valiosos e amados pelo Pai Celestial.

Não é fácil enfrentar as ansiedades e dúvidas ao longo da maternidade, e um dos maiores desejos de uma mãe cristã é que seus filhos permaneçam fiéis aos mandamentos de Jesus até o fim. Mas, em vez de nos rendermos à preocupação, que nada nos acrescenta, devemos assumir o papel de intercessoras na vida de nossos filhos. Quão poderosa é a bênção e a oração de uma mãe que confia completamente no Senhor!

É por esse motivo que, como mães, nossa maior responsabilidade e privilégio é interceder por suas vidas. Em um mundo cheio de distrações e más influências, colocamos diante de Deus o futuro, o coração e o propósito de cada um deles. Essa oração é uma entrega de confiança nas mãos d'Aquele que cuida infinitamente melhor do que nós.

Oração

> Pai, em nome de Jesus, coloco a vida dos meus filhos aos Teus cuidados. Reconheço que sou limitada e conheço o Teu poder, por isso confio no Teu zelo por cada um deles e entrego todos os seus dias na Terra a Ti.
>
> Tu sabes que, muitas vezes, a preocupação quer tomar conta de mim, pois sei o tamanho do propósito que tens para eles. Por isso, declaro que nenhum deles se perderá. Eles nasceram para Ti, não para o mundo; nasceram para o altar, para os propósitos do Teu coração e povoarão o Céu. Pai, usa-os em pontos-chave da sociedade, para que Teu nome seja glorificado. Eu creio que tens um lugar especial para cada um deles.

Pai, eu Te peço: arranca o mundo de seus corações. Dá a cada um o coração de Jesus: humilde e interessado em Ti. Senhor, não deixes meus filhos se perderem no meio desta geração! Assim como Davi afirma em 2 Samuel 23.5, eu declaro: ainda que a minha casa não seja tal para com Deus, contudo Tu estabeleceste comigo uma aliança. Por isso, eu creio, em fé, que já providenciaste tudo de que eles precisam.

Meus filhos são Teus: eu sou somente a arqueira, e eles, as flechas. Que, em suas vidas, os desejos do Teu coração se realizem. Que eles não vivam os meus planos, mas sim os Teus. Pai, eu Te peço perdão por ter sido tão orgulhosa, a ponto de colocar a vaidade como centro. Chamo a Tua presença para todas as áreas da vida dos meus filhos e, com fé, declaro: eles são Teus! Em nome de Jesus, amém.

Declarações

- Em nome de Jesus, meus filhos estão protegidos pelo Pai Celestial, Aquele que cuida muito melhor do que eu.
- Eles não se perderão, pois estão marcados para o altar.
- Meus filhos influenciarão as esferas da sociedade.
- Eles estão guardados do Maligno.
- Satanás não poderá aprisioná-los no pecado!
- Meus filhos são livres!

Para ouvir

Meus filhos são Teus - **Rachel Novaes**[1]

Atividade prática

Escreva os nomes de seus filhos em um papel e, ao lado de cada nome, anote características, dons ou promessas que você crê que o Pai depositou sobre eles. Durante a semana, ore por cada item individualmente e declare em voz alta as promessas de Deus sobre suas vidas. Se possível, abençoe verbalmente seus filhos todos os dias com palavras de vida e identidade em Cristo.

[1] NOVAES, Rachel. **Meus filhos são teus.** In: NOVAES, Rachel. *Meus filhos são teus - Single.* [s.l.]: Rachel Novaes, 2020. Disponível em: <https://youtu.be/mfGkCMUKkOM?si=Kre49ZOUSD_ztwqZ>. Acesso em: 18 ago. 2025.

Dia 12

ATÉ O FIM

Melhor é serem dois do que um (...).

• Eclesiastes 4.9 •

Em Eclesiastes, lemos uma afirmação valiosa: melhor é estar acompanhado do que andar sozinho. Entendemos, portanto, que a unidade carrega consigo um grande poder, e essa verdade também pode ser aplicada na vida conjugal: juntos, marido e mulher se tornam mais fortes para enfrentar as provações, as tentações e desafios da caminhada com Cristo.

Ainda no livro de Eclesiastes, lemos: "Porque, se um cair, o outro levanta o seu companheiro [...]" (v.10). Como é precioso saber que podemos contar com um parceiro que nos ajuda a levantar quando tropeçamos e que nos dá suporte para enfrentar estações desafiadoras! Por isso, se você é casada, lembre-se de que você tem o importante papel de auxiliar seu marido a se tornar cada vez mais parecido com Jesus e de fortalecê-lo em sua jornada de fé.

Sabemos que um casamento traz consigo muitos desafios, mas, assim como um ferro afia o outro, nosso relacionamento conjugal é capaz de nos afiar e aperfeiçoar nosso caráter. Ao lado do nosso marido, aprendemos a perdoar, amar e servir de maneira profunda e íntima. Tudo isso constrói em nós um coração manso, humilde e nos torna reflexos do amor de Cristo. Por isso, essa aliança de amor deve ser honrada até o fim.

O casamento é um presente precioso de Deus, e orar pelo cônjuge é um ato de amor, proteção e intercessão. Neste dia, nós nos colocaremos diante do Pai para abençoar a vida do nosso esposo, reconhecendo que apenas Deus pode guardar, fortalecer e direcionar o coração daquele com quem compartilhamos a vida. Essa é uma oração de entrega ao Pai e um ato profético sobre o futuro do seu lar.

Oração

Pai, em nome de Jesus, louvo o Teu nome pela vida do meu esposo, porque Tu és bom e me deste um homem honrado. Peço que o protejas em todos os seus caminhos e declaro que, por onde ele andar, verão nele a presença do Senhor!

Livra-o de si mesmo, guardando a sua alma. Dá a ele saúde, vida longa e sabedoria ao entrar e ao sair de casa. Declaro riqueza e honra sobre meu marido. Que ele não se perca nem erre o passo, e que seu coração esteja sempre inclinado a fazer o Teu querer.

Declaro que, como pai, ele será o melhor exemplo de amor e dignidade. Como homem na sociedade, honestidade e verdade serão os seus calçados. Como sacerdote, não falhará no interior da casa.

Nenhum espírito que não Te glorifica tomará sua mente a ponto de levá-lo para longe dos Teus caminhos. Gera nele um coração de servo, manso e humilde. Declaro forças renovadas, as interiores e as físicas. Peço que ele continue sendo um homem de credibilidade, que cumpre com sua palavra. Não, ele não será omisso em suas obrigações, mas posicionado em todo o Teu querer: paciente, amigo, veloz e cheio do Teu Espírito!

Em nome de Jesus, repreendo de seu caminho a mulher estrangeira, aquela que destila mel em seus lábios e cujo caminho é perdição e cova (cf. Provérbios 5.3-5). Profetizo que nossa aliança se fortalecerá a cada dia. Nosso amor será mais sólido, nossa amizade, mais intensa e saudável, e nossa conexão, pura e alinhada.

Livra-o dos maldosos, aqueles que parecem amigáveis, mas maldizem pelas costas. Livra-o no trânsito, no trabalho e por onde ele andar.

Pai, que a criatividade do Alto esteja com ele, para gerar frutos para Ti e provisão para o lar. Em nome de Jesus, amém!

Declarações

- Meu marido será honrado à vista de todos.
- Sobre sua vida, declaro saúde plena, emocional e física.
- Repreendo toda apatia à casa de Deus e à Sua presença.
- Seu relacionamento com Deus não se limitará aos domingos, mas será profundo.
- A falência não é o lugar dele, nem o orgulho e muito menos a dor.
- A maldade dos homens e as investidas do Inferno não o alcançarão.

Para ouvir

Casa de Benção - **Eyshila**[1]

Atividade prática

Escreva uma carta profética ao seu cônjuge, mesmo que ele nunca leia. Nessa carta, descreva como você o vê com os olhos da fé: posicionado, forte, sensível ao Espírito, sendo o homem que Deus o chamou para ser. Guarde essa carta como memorial e, toda semana, leia novamente em oração, reafirmando a promessa sobre a vida dele.

[1] EYSHILA. **Casa de bênção.** In: EYSHILA. *Terremoto.* Rio de Janeiro: MK Music, 2005. Disponível em: <https://www.youtube.com/watch?v=WmIGJiJiCMs>. Acesso em: 18 ago. 2025.

Dia 13

A MINHA CASA É TUA!

E eles disseram: Crê no Senhor Jesus Cristo e serás salvo, tu e a tua casa.

• Atos 16.31 •

Em Atos 16, lemos o episódio em que Paulo e Silas são levados para a prisão, na cidade de Filipos. Durante a noite, um milagre acontece: "Perto da meia-noite, Paulo e Silas oravam e cantavam hinos a Deus, e os outros presos os escutavam. E, de repente, sobreveio um tão grande terremoto, que os alicerces do cárcere se moveram, e logo se abriram todas as portas, e foram soltas as prisões de todos" (Atos 16.25-26).

Vendo que as portas da prisão estavam abertas, o carcereiro pensou que todos os presos haviam fugido e, em um ato de desespero, tirou a espada da cintura para se matar. Porém, Paulo o impediu: "Mas Paulo clamou com grande voz, dizendo: Não te faças nenhum mal, que todos aqui estamos" (Atos 16.28).

Diante de tamanho milagre, aquele carcereiro foi tomado por temor a Deus, e perguntou aos apóstolos o que precisava fazer para ser salvo, ao que eles responderam: "Crê no Senhor Jesus e serás salvo, tu e a tua casa". E assim aconteceu: "[...] ele e todos os membros da casa dele foram batizados. Então, levando-os para a sua própria casa, deu-lhes de comer; e, com todos os seus, manifestava grande alegria por ter crido em Deus" (Atos 16.33-34, NAA). Uau! Que história linda, não é? Não apenas aquele homem foi salvo, mas todos os membros de sua casa, que decidiram acreditar em Cristo e no poder do Seu nome.

Você crê que esse mesmo milagre pode acontecer dentro da sua família? E é exatamente o que eu profetizo sobre você e sobre os seus: *você entrará no Céu com a sua família*! Sim, é verdade que o Inimigo da nossa alma nos odeia e, na maioria das vezes, quando não consegue nos atingir diretamente, ele tenta destruir o nosso lar. Talvez, em sua casa, você tem enfrentado dores, desgastes e conflitos. Apesar de amar a sua família, é possível que esteja cansada, preocupada, e não saiba o que fazer para manter tudo em pé.

Mas existe uma boa notícia: assim como Deus foi poderoso para quebrar as cadeias de Paulo, de Silas e de todos os encarcerados, Ele também pode destruir as cadeias espirituais que estão mantendo os seus familiares aprisionados. Da mesma maneira que toda a casa daquele carcereiro foi salva, eu profetizo, na autoridade que há no nome de Jesus, que a salvação também está disponível para os seus. Creia: ninguém da sua casa ficará de fora do que Deus lhe entregou!

No entanto, para que isso aconteça, precisamos estar vigilantes e posicionadas no mundo espiritual — pois ele é mais real do que muitos imaginam —, batalhando pela nossa família e persistindo em oração.

Paulo e Silas foram libertos porque permaneceram orando e adorando. Você está entendendo ou está fingindo? Então, coloque a mão sobre o peito e diga: "Senhor, entra na minha casa, libera o Teu poder e a paz que só Tu podes dar!".

Vamos orar juntas.

Oração

Pai, em nome de Jesus, eu oro agora e coloco diante de Ti a minha família. Em nome de Jesus, eu Te apresento o lugar onde moro, as pessoas que amo e os relacionamentos que me moldam todos os dias. Pai, às vezes, o ambiente em que vivemos parece tão pesado, as palavras dentro de casa são tão duras, e os corações estão tão distantes de Ti, que uma mudança parece impossível aos meus olhos. Há mágoas, gritos, indiferença, e tudo isso me dói.

Mas eu creio, Pai, que Tu és poderoso para curar lares, para mudar atmosferas, para restaurar vínculos e recomeçar histórias. Eu Te conheço de andar Contigo, conheço Tua voz, Tua presença e, principalmente, o Teu poder. Tu podes *tudo*!

Em nome de Jesus, eu clamo: visita a minha família com o Teu amor, por favor, Jesus, entra no meu lar como o Príncipe da Paz e toma o Teu trono. Que a Tua salvação alcance cada pessoa da minha família. Eu profetizo reconciliação, amor, cura e transformação!

Declaro Tua palavra e a recebo: "Se o SENHOR não edificar a casa, em vão trabalham os que edificam [...]" (Salmos 127.1). Por isso, hoje eu Te entrego meu lar e clamo: edifica a nossa história com Tuas próprias mãos. Constrói minha casa sobre uma base sólida de muita fé, amor e presença do Espírito Santo. Que minha casa seja como Betel: habitação dos anjos do Senhor (cf. Gênesis 28.10-22).

Também declaro, com fé, Josué 24.15: "[...] eu e a minha casa serviremos ao SENHOR". Mesmo que, hoje, eu ainda veja resistência ou dor, creio que minha família Te servirá, honrará e Te conhecerá!

Tu és o Deus que cura o coração dos pais e dos filhos, que transforma relacionamentos e que pode fazer da minha casa um pedaço do Céu na Terra. Entrego minha família nas mãos do

> Deus de bondade, que cuida de tudo que envolve a nossa vida. Eu oro por meio do nome que tem poder para salvar, restaurar e unir: o nome de Jesus. Amém e graças a Deus!

Declarações

- Nenhuma palavra maldita contra mim e contra os meus surtirá efeito, pois o Senhor está conosco.
- A minha família está nas mãos do Senhor.
- Na minha casa, tudo acontecerá conforme Deus disse.
- Nenhuma maldição prevalecerá contra a minha casa.
- O amor de Deus está curando e restaurando nosso lar.
- O Espírito Santo habita em minha casa.
- Em nome de Jesus, eu e minha casa serviremos ao Senhor!

Para ouvir

Eu e minha casa
Julliany Souza & Léo Brandão[1]

Atividade prática

Escolha um cômodo da casa e ore nele hoje, declarando paz, perdão e unidade. Além disso, ore especificamente por cada membro da sua família e clame para que o Espírito Santo encha o seu coração de compaixão e amor por eles.

[1] SOUZA, Julliany; BRANDÃO, Léo. **Eu e minha casa.** In: SOUZA, Julliany; BRANDÃO, Léo. *Eu e minha casa - Single*. Gôiania: AMÉM, 2025. Disponível em: <https://www.youtube.com/watch?v=Rxzi3DSBs6Q&list=RDRxzi3DSBs6Q&start_radio=1>. Acesso em: 18 ago. 2025.

Dia 14

ESTAMOS JUNTOS!

> Portanto, o que Deus ajuntou, não o separe o homem.
>
> • Marcos 10.9 •

Podemos afirmar, com toda a certeza do mundo, que o casamento é uma bênção e um projeto de Deus, mas isso não significa que não enfrentaremos desafios em nossa vida conjugal. Amiga, se você é casada, provavelmente já passou por desentendimentos, decepções e frustrações em seu relacionamento. Às vezes, temos vontade de desistir e nos esquecemos de que Deus é poderoso para restaurar nossa aliança.

Talvez enganadas por maus conselhos, pelas mídias e redes sociais, até chegamos a pensar que todos os outros casais são perfeitos, e que o problema está em nós. Mas não se engane: é por meio da união dos imperfeitos que Jesus nos ensina sobre o verdadeiro amor. Por meio dos improváveis, Cristo revela Seu poder e misericórdia.

Muitos casais, ao primeiro sinal de dificuldade, já pensam em desistir, arrumar as malas e pedir o divórcio. Quando questionado pelos fariseus sobre o divórcio, Jesus afirmou: "[...] desde o princípio da criação, Deus os fez macho e fêmea. Por isso, deixará o homem a seu pai e a sua mãe e unir-se-á a sua mulher. E serão os dois uma só carne e, assim, já não serão dois, mas uma só carne. Portanto, o que Deus ajuntou, não o separe o homem" (Marcos 10.6-9).

Marido e mulher são uma só carne, unidos por meio de uma aliança feita não somente diante dos homens, mas diante de Deus. Por isso, a Palavra nos ensina a persistir, amar e lutar pelos nosso casamento. Amiga, entenda de uma vez por todas: é melhor abrir mão deste orgulho maligno, do que ter razão. Casamento não é para quem pode, é *para quem quer*. Por isso, você precisa querer!

Hoje, existem muitas mulheres que estão desanimadas, cansadas e sem esperança de mudança, de restauração ou de libertação. Mas, se esse é o seu caso, quero lembrá-la de que, em Cristo, a reconciliação e a cura são possíveis!

Você, que tem vivido uma situação insustentável no casamento, que sente o amor se desgastando, as conversas se tornando frias e a intimidade se perdendo; você, que ama, que ainda sonha com um casamento saudável, mas que está extremamente ferida e pensa que seu relacionamento está por um fio, ore comigo agora.

Ajeite sua postura, coloque a mão sobre o seu coração e diga: "Senhor, salva meu casamento. Eu preciso de Ti!".

Oração

> Pai, em nome de Jesus, oro e coloco o meu casamento e a minha aliança em Tuas mãos. Há dias em que eu e meu marido já não nos entendemos mais, parece que falamos línguas diferentes, como se não nos conhecêssemos. Sinto que os sentimentos

esfriaram e que só sobrou o peso das responsabilidades. Mas, Pai, não quero viver um relacionamento vazio ou de aparências. Por isso, eu Te imploro: restaura o nosso amor, nossa intimidade e renova a nossa história!

Tu és o Deus que nos uniu, que criou o casamento e o abençoou com Teu propósito. Em nome de Jesus, eu peço: quebra toda raiva, todo orgulho, todo silêncio destrutivo. Tira de nós essa indiferença maligna. Traz de volta o diálogo, a compaixão, a ternura, e a alegria de estarmos juntos.

Como ensina Jesus, não separarei o que Deus ajuntou. Que nenhuma influência externa, ferida interna ou mentira do Inimigo consiga desfazer o que o Senhor construiu. Em minha casa, profetizo que se cumprirá a Tua Palavra: "E, sobre tudo isto, revesti-vos de amor, que é o vínculo da perfeição" (Colossenses 3.14). Pai, veste-nos de novo com Teu amor. Ensina-nos a perdoar, a recomeçar, a escolher um ao outro, mesmo quando não sentimos mais vontade.

Ajuda-nos a entender que "Melhor é serem dois do que um, porque têm melhor paga do seu trabalho. Porque, se um cair, o outro levanta o seu companheiro" (Eclesiastes 4.9-10). Senhor, eu não quero desistir; escolho lutar com sabedoria, com mansidão, com graça e fé. Então, fortalece-nos!

Entrego meu casamento ao Deus de aliança, que não muda, que não desiste, que restaura corações feridos e levanta relacionamentos cansados. Tu tens poder para reacender o que parece ter morrido. Eu creio e oro, em nome de Jesus, o nome que restaura o impossível, o nome que tem poder sobre todo relacionamento. Em nome de Jesus, amém!

"Em *Cristo*, a reconciliação e a **cura** são possíveis!"

Declarações

- Meu casamento está firmado na rocha, que é Cristo.
- O amor será restaurado, e o diálogo será restabelecido.
- Nenhuma maldição nos alcançará.
- Eu me manterei posicionada e lutarei pelo meu casamento com sabedoria e fé.
- Em nome de Jesus, minha aliança será fortalecida!

Para ouvir

Bondade de Deus - Isaias Saad[1]

Atividade prática

Ore especificamente pelo seu marido. Hoje, se possível, escreva para ele uma carta ou mensagem expressando o quanto o ama e o quanto é grata por sua vida.

[1] SAAD, Isaias. **Bondade de Deus (Ao vivo)**. In: SAAD, Isaias. *Bondade de Deus (Ao vivo) - Single*. São Paulo: Onimusic, 2022. Disponível em: <https://www.youtube.com/watch?v=mZ9yZYo9Mmk&list=RDmZ9yZYo9Mmk&start_radio=1>. Acesso em: 18 ago. 2025.

Para mim, a oração é como uma alavanca capaz de mover o que seria impossível levantar: inicia-se devagar até se atingir o desejado. A oração é um bálsamo que acalma a alma; é como uma chave que abre o Céu! A Bíblia diz que devemos orar sem cessar (cf. 1Tessalonicenses 5.17), e o próprio Deus declara: "e se o meu povo, que se chama pelo meu nome, se humilhar, e orar, e buscar a minha face, e se converter dos seus maus caminhos, então, eu ouvirei dos céus, e perdoarei os seus pecados, e sararei a sua terra" (2Crônicas 7.14).

Maria do Rosario

Assembleia de Deus Vitória em Cristo (ADVEC)

Oração é o eco da alma que se recusa a desistir, mesmo quando tudo parece perdido. É o fôlego dos que andam pelo vale da sombra da morte, mas não temem mal algum. É onde os homens caem de joelhos, e o Céu se põe de pé. É o clamor do justo que sobe como incenso; é a forma de determinar o futuro em fé.

Ana Bel Callazans

Gateway Church

Deus fala de várias maneiras com o homem, mas há apenas uma forma pela qual o homem fala com Deus: por meio da oração. A oração é tão poderosa que lemos em Atos 4.31: "E, tendo eles orado, moveu-se o lugar em que estavam reunidos [...]". Quando oramos, as circunstâncias se movem.

Pastor Eliel Lima

Assembleia de Deus Vitória em Cristo (ADVEC)

RAQUEL LIMA
MIDIAN LIMA
GABRIELA LOPES
CAMILA BARROS

Ânimo, coragem e força

"*Quando* falta força, sobra o *poder* de Deus."

Dia 15

LEVANTANDO A INCAPAZ

Não me escolhestes vós a mim, mas eu vos escolhi a vós (...).

• João 15.16 •

Você tem se sentido incompetente ou insuficiente? Talvez se sinta incapaz como profissional, mãe, empresária, líder, esposa ou ministra. Se esse é o seu caso, isso não significa que você não foi escolhida por Deus para cumprir a missão que Ele depositou em suas mãos, seja na maternidade, no trabalho ou em sua igreja. Pelo contrário, Deus escolheu as coisas que *não* são para confundir as que são (cf. 1Coríntios 1.28-29).

A verdade é que, como o Senhor de fato não nos escolheu por causa de nossas habilidades, temos a tendência de nos sentirmos incapazes em determinados momentos e circunstâncias da nossa vida. Por isso, costumamos focar mais em quem não somos do que em quem Deus é.

Precisamos nos lembrar constantemente de que é na nossa fraqueza que o poder d'Ele se aperfeiçoa, e não na nossa força ou habilidade. Como filhas, caminhamos em humildade e em dependência diante d'Aquele que nos chamou. No Evangelho de João, Jesus deixa claro: não fomos nós que O escolhemos, mas sim Ele que nos escolheu. Além disso, em João 15.5, lemos: "[...] porque sem mim nada podereis fazer".

Aos escolhidos, a capacitação vem d'Ele, e não de suas próprias habilidades. Você está sendo preparada e treinada por Jesus. Afinal, se já tivesse tudo de que precisa, não buscaria refúgio em Deus, não sentiria necessidade de orar, jejuar, e talvez nem mesmo estaria lendo este devocional. Você não precisa de tudo que acha que precisa; apenas continue acreditando que, *n'Ele,* terá tudo que procura para cumprir a missão que Ele lhe confiou.

Oração

> Senhor Deus e Pai, em nome de Jesus, ouve-me por Tua bondade, graça e misericórdia. Pai, confesso que tenho andado com a alma pesada, abatida, desmotivada e triste por ver o quanto me sinto incompetente e fraca para realizar o que preciso fazer. Estou angustiada e aflita, pois tenho a sensação de que o tempo do crescimento parou para mim. Por isso, venho a Ti confessar a minha angústia e clamar pelo Teu socorro.
>
> Não tenho forças para corrigir meus pensamentos e ativar minhas motivações, então clamo: por favor, socorre-me, Senhor! Tira-me deste lugar de vítima abatida e traz outra vez à memória aquilo que tem o poder de me motivar e de me dar esperança. Renova a minha confiança no Teu constante amor, que não falha, e faz-me entender que Jesus é suficiente. Tu és tudo de que preciso e és fiel mesmo quando desanimo, porque sei que Teu amor e poder não oscilam como os meus sentimentos.
>
> Ajuda-me a romper com as expectativas que não são Tuas e, em nome de Jesus, filtra minhas emoções. Que todo sentimento

"É na nossa **fraqueza** que o *poder* de Deus se aperfeiçoa!"

que me afasta da Tua perfeita vontade caia por terra. Ensina-me e capacita-me de acordo com o Teu tempo e com o Teu querer, não com base nos meus próprios desejos, na minha pressa ou na expectativa que os outros têm sobre mim.

Ajuda-me a crer e a entender que a humildade faz parte do processo de caminhar com Cristo. Eu não sou, mas Tu és; eu não posso, mas Tu podes! Em nome de Jesus, eu oro: ajuda-me a acreditar no que Tu és capaz de fazer, apesar da minha incapacidade. Que eu possa confiar em Ti, apesar de mim mesma.

Espírito Santo de Deus, ajuda-me a ter fé no que o Senhor pode fazer por meu intermédio, mesmo que eu não tenha todas as habilidades que gostaria. Mais do que capacidade para realizar algo, eu Te peço capacidade para crer que Tu podes tudo e que nenhum dos Teus planos será impedido.

Faz a Tua obra em meu interior e por meio de mim, apesar das minhas vulnerabilidades. Redireciona a minha confiança para Ti e não mais para mim mesma; é o que eu Te peço e imploro, em nome de Jesus. Fortalece a minha fé e tem misericórdia de mim, pois preciso muito do Senhor! Que eu me desapegue dos meus pensamentos de fracasso e encontre em Ti a força de que tanto preciso. Por favor, Pai. Em nome de Jesus, amém.

Declarações

- Deus é quem me capacita.
- Na minha fraqueza, o poder de Deus se aperfeiçoa.
- Deus pode fazer grandes milagres por meio de mim.
- Jesus é suficiente!

Para ouvir

O seu amor por mim - **Weslei Santos**[1]

Atividade prática

Separe um caderno ou um bloco de notas e escreva no topo da página a frase: "Não fui eu que O escolhi, mas Ele me escolheu" (cf. João 15.16). Em seguida, anote tudo aquilo em que você se sente incapaz ou insuficiente, como mãe, profissional, líder ou em qualquer outra área da sua vida. Depois, ao lado de cada item, escreva um versículo bíblico que mostre quem Deus é ou o que Ele promete aos que confiam n'Ele. Por fim, escreva uma oração curta, entregando a Deus os seus medos. Guarde o que escreveu para ler sempre que se sentir incapaz, relembrando as promessas do Pai.

[1] SANTOS, Weslei. **O seu amor por mim.** In: SANTOS, Weslei. *Para todo mundo cantar - EP*. Rio de Janeiro: Sony Music Entertainment Brasil Ltda., 2019. Disponível em: <https://www.youtube.com/watch?v=NhaCOgVkODY>. Acesso em: 18 ago. 2025.

"Pela *fé*, sou
capacitada
por *Deus* para
realizar **grandes**
coisas."

Dia 16

O DESCANSO DE DEUS

Ele me faz repousar em pastos verdejantes. Leva-me para junto das águas de descanso.

• Salmos 23.2, ARA •

Há momentos em que as inquietações invadem nosso coração de tal forma que nos sentimos incapazes de descansar. Você já passou noites em claro, com a mente acelerada? Tem deitado, mas não consegue dormir? Acorda no meio da madrugada com pensamentos que a atormentam?

Para todos os que se sentem sobrecarregados, o Senhor oferece alívio por meio do Seu Espírito Santo e de Sua Palavra. Mesmo que a sua mente esteja tomada por um turbilhão de pensamentos, como um mar agitado, não se esqueça de que existe um Deus que tem poder para acalmá-la.

Em Mateus 8.23-27, lemos o episódio em que Jesus acalma a tempestade no mar: "E aqueles homens se maravilharam, dizendo: Que homem é este, que até os ventos e o mar lhe obedecem?" (Mateus 8.27). Se Cristo tem autoridade sobre todo o Universo, não seria poderoso para silenciar a tormenta que agita a sua alma? Se Ele é capaz de acalmar ventos fortes e ondas furiosas, não teria poder para trazer-lhe descanso e refrigério?

Se entregarmos nossas preocupações nas mãos de Deus, deixando o controle de nossa vida em Suas soberanas mãos, poderemos desfrutar do que Davi declara no salmo 23: repouso em pastos verdejantes, junto às águas de descanso.

Neste dia, vamos orar juntas para que você acesse esse lugar de paz ao lado da presença de Deus. Sigamos o conselho de Paulo: "Não estejais inquietos por coisa alguma; antes, as vossas petições sejam em tudo conhecidas diante de Deus, pela oração e súplicas, com ação de graças" (Filipenses 4.6).

Oração

Pai, eu Te entronizo e, agora, ergo um altar de adoração a Ti. Sei que és soberano e tens o controle do Universo em Tuas mãos. Por isso, creio que podes curar a inquietação da minha alma e clamo por Tua misericórdia.

Coloco diante de Ti o sono perdido, as noites mal dormidas e o tormento silencioso que tenho enfrentado noite após noite. Em nome de Jesus, eu clamo: visita o meu descanso! Estou cansada e minha mente não consegue desligar. Tenho sido atormentada por agitações, pensamentos repetitivos e preocupações que não me deixam repousar.

Por isso, meu Pai, coloco-me diante da Tua presença e Te suplico: aquieta minha alma! Faz-me repousar debaixo das Tuas asas. Eu sei que tens poder para acalmar tempestades, e hoje eu clamo: acalma essa que está dentro de mim. Eu não aceito mais viver prisioneira das madrugadas. Em nome de Jesus, tomo posse de um sono restaurador!

Então, com fé, eu declaro: o sono virá, a paz me alcançará, e a insônia não dominará as minhas noites! Eu repreendo o espanto noturno; repreendo o opressor das madrugadas e declaro que ele não encontrará meu endereço, porque estarei escondida em Ti!

Senhor, faz-me descansar em paz tão profunda, que o sono venha como um presente do Teu cuidado. Que a Tua presença seja o remédio que acalma minha mente e silencia minha alma. Eu creio que Tu podes restaurar completamente meu sono e minha confiança. Que eu caminhe rumo à liberdade, até que a Tua paz seja suficiente para me fazer adormecer sem esforço.

Eu entrego minha vida ao Deus que dá descanso aos cansados. Tu és minha paz, meu refúgio, meu lugar de repouso. Mesmo que o mundo lá fora esteja agitado, declaro a Tua calmaria em meu interior. Em nome de Jesus, eu descansarei, porque quem cuida de mim não dorme, mas me guarda. Eu oro com fé, pois sei que Tu tens autoridade sobre a minha mente e sobre o meu corpo. Em nome de Jesus, amém!

Declarações

- Meu corpo e minha mente descansarão em paz, em nome de Jesus.
- Nenhum pensamento fora de controle dominará minhas noites.
- O Senhor me dá descanso, porque sou Sua filha amada.
- Dormirei, descansarei e acordarei renovada, porque o Senhor está comigo.

Para ouvir

Sobre as águas

Rapha Gonçalves e Isaias Saad[1]

Atividade prática

Hoje, antes de dormir, leia em voz alta Filipenses 4.6-8:

"Não estejais inquietos por coisa alguma; antes, as vossas petições sejam em tudo conhecidas diante de Deus, pela oração e súplicas, com ação de graças. E a paz de Deus, que excede todo o entendimento, guardará os vossos corações e os vossos sentimentos em Cristo Jesus. Quanto ao mais, irmãos, tudo o que é verdadeiro, tudo o que é honesto, tudo o que é justo, tudo o que é puro, tudo o que é amável, tudo o que é de boa fama, se há alguma virtude, e se há algum louvor, nisso pensai".

[1] DUNAMIS MUSIC; SAAD, Isaias; GONÇALVES, Rapha. **Sobre as águas (Ao vivo)**. In: DUNAMIS MUSIC. *Essência - Vol. 2 (Ao vivo) - Single*. São Paulo: Onimusic; Dunamis Music, 2024. Disponível em: <https://www.youtube.com/watch?v=XUs-7nuz6cOM&list=RDXUs7nuz6cOM&start_radio=1>. Acesso em: 18 ago. 2025.

Dia 17

OBRIGADA, JESUS!

Bendize, ó minha alma, ao SENHOR,
e não te esqueças de nenhum
de seus benefícios.

• Salmos 103.2 •

Por vezes, estamos tão afogadas em angústias, desafios e ansiedades, que corremos o risco de abrir espaço em nosso coração para a murmuração e autocomiseração, e isso pode nos fazer esquecer do caráter bondoso de Deus.

Não me entenda mal: o Senhor não quer que você ignore sua tristeza, ou que finja estar bem mesmo quando tudo parece desmoronar ao seu redor. Na verdade, quando admitimos que somos fracas, falhas e incapazes, damos ao Espírito Santo a oportunidade de nos revelar a força sobrenatural que vem do Alto. O desejo de Deus é que você O conheça tão intimamente a ponto de saber que, sim, Ele Se importa com a sua dor.

Amiga, o Senhor está conosco continuamente e cuida de nós mesmo quando não percebemos ou quando não vemos. As circunstâncias até podem nos fazer pensar que Ele não agirá, mas elas não determinam quem Deus é. Como filhas de Deus, carregamos a esperança de que nossos dias pertencem a Ele, que é soberano sobre todas as situações.

É por isso que, mesmo em meio à tempestade, não podemos deixar de agradecer por tudo o que o Senhor já fez por nós, a começar pelo presente da salvação, conquistado por Jesus na cruz. Somos livres do pecado e da morte, e isso já é motivo suficiente para agradecermos por toda a Eternidade, aleluia!

Mas, mesmo neste mundo, podemos desfrutar de uma vida abundante ao lado de Deus. Ele nos ouve quando clamamos, livra-nos do mal, guarda nossos corações e nos guia com Seu Espírito. Ele nos reserva muito mais do que podemos imaginar e é capaz de transformar nossas dores mais profundas em testemunhos do Seu poder sobrenatural. Sim, enfrentaremos aflições, mas podemos caminhar com bom ânimo, porque o Senhor nos garante grande alegria: temos acesso total à Sua presença em todo tempo.

Não é à toa que o apóstolo Paulo nos aconselha: "Regozijai-vos, sempre, no Senhor; outra vez digo: regozijai-vos. [...] Não estejais inquietos por coisa alguma; antes, as vossas petições sejam em tudo conhecidas diante de Deus, pela oração e súplicas, com ação de graças" (Filipenses 4.4,6).

Paulo não está dizendo que devemos viver de aparências, mas está nos aconselhando a entender que nossa plenitude e contentamento vêm do Senhor. Não dependemos de nós mesmas, dos nossos recursos nem da realidade que nos cerca, mas sim do Pai.

Talvez você esteja vivendo dias difíceis, mas tenha certeza de que Deus não se ausenta e permanece do seu lado. Agora, vamos fazer o seguinte: lembrar-nos de onde o Senhor nos tirou e reconhecer Sua fidelidade. Você se lembra de quem era e onde estava antes de ser encontrada por Jesus? Consegue imaginar quem seria e onde estaria sem Ele? Ore comigo agora.

Oração

> Pai, em nome de Jesus, Tu és tudo o que tenho, a razão da minha existência e a força da minha permanência. Eu Te amo, Senhor,

e nada se compara ao presente que é ser Tua. Mesmo que o Inimigo tente me afastar de Ti, sei que não posso viver sem o Senhor.

Meus lábios, meu coração e minha vida Te honram. Que tudo que há em mim seja um louvor contínuo a Ti, meu amado Senhor! Hoje, ergo a Ti um altar de adoração e gratidão por tudo que Tu és na minha vida. Neste dia, não venho com pedidos, mas apenas com o meu "obrigada"! Obrigada, Deus, porque, mesmo quando eu não percebi, Tu estavas comigo. Obrigada, porque, mesmo quando eu chorava sozinha, o Teu Espírito me consolava em silêncio.

Quantas respostas eu nem sabia que precisava, e o Senhor me deu. Quantas vezes pensei que não suportaria os momentos difíceis, mas aqui estou, de pé, pois Tu és o meu sustento. Quantas portas pensei que jamais se abririam, mas o Senhor as abriu no tempo certo. Apesar disso, todas elas não chegam perto da alegria que é estar na Tua presença. Tu és a porta da minha vida e o caminho por onde desejo andar!

Pai, em nome de Jesus, eu Te agradeço por não desistires de mim, por me cercares de amor nos dias escuros, por sustentares minha fé nos dias de dúvida e por não deixares minha alma afundar quando tudo parecia sem sentido. Eu Te agradeço não só pelo que vejo, mas pelo que o Senhor está fazendo no invisível. Obrigada pelo ar que respiro, pelo pão de cada dia e pela Tua presença que não me abandona.

Continuarei a lembrar e agradecer por todos os Teus milagres em minha vida, para que a ingratidão não tome conta do meu coração. Tu tens sido tão fiel, tens me cercado de favor, e eu nem os mereço. Oh, meu Pai! Como poderei Te agradecer por tudo o que tens feito? Como colocar em palavras o que sinto em minha alma neste momento?

Pai, o Senhor é grande, poderoso, eterno e fiel! Tu és o Deus que escreve histórias de redenção e transforma dores em testemunhos. Tu és digno de toda glória e de toda adoração.

Eu oro com o coração cheio de gratidão: obrigada, Senhor, por tudo que já fizeste, pelo que estás fazendo e pelo que ainda farás! Eu Te louvo, eu Te celebro e Te exalto! Em nome de Jesus, amém!

Declarações

- Eu tenho motivos para agradecer, todos os dias da minha vida.
- Deus tem cuidado de mim com riqueza de detalhes.
- Eu reconheço a bondade e fidelidade do Senhor sobre mim.
- O que Ele já fez é prova de que o meu futuro está seguro.

Para ouvir

Eu tenho Você - Marcelo Markes[1]

Atividade prática

Em uma folha de papel, escreva sete motivos pelos quais você é grata a Deus. Depois, prenda essa folha nesta página com um clipe de papel, para que possa reler sempre que precisar lembrar da fidelidade do Senhor.

[1] MARKES, Marcelo. **Eu tenho você**. In: MARKES, Marcelo. *Eu tenho você - Single.* [s.l.]: Promov Music, 2020. Disponível em: <https://www.youtube.com/watch?v=uX3U3HC0vFk>. Acesso em: 18 ago. 2025.

Dia 18

DESÂNIMO

A minha carne e
o meu coração desfalecem;
mas Deus é a fortaleza do
meu coração e a minha
porção para sempre.

• Salmos 73.26 •

Nem sempre é fácil manter um ânimo constante, afinal, na vida, passaremos por diversos altos e baixos. Diante das incertezas, da rotina acelerada, do estresse, das angústias e frustrações, é natural que nos sintamos cansadas e, às vezes, por conta da exaustão, perdemos a vontade de continuar caminhando.

Porém, se esse é o seu caso, não se apavore: até os momentos mais desafiadores da nossa jornada podem cooperar para o nosso bem se permanecermos ao lado de Cristo. Na verdade, são as estações tristes, os obstáculos, as dúvidas e o desânimo que aperfeiçoam a nossa fé e fortalecem o nosso espírito.

Como Tiago afirma em sua carta: "Meus irmãos, tende por motivo de toda alegria o passardes por várias provações, sabendo que a provação da vossa fé, uma vez confirmada, produz perseverança" (Tiago 1.2-3, ARA). Quando confiamos em Deus e continuamos a buscá-lo mesmo em meio ao desânimo, nossa fé é aperfeiçoada e fortalecida.

Sim, há dias em que nossas emoções são abaladas de tal forma que mal encontramos forças para levantar da cama. Sentimos o coração cansado, a mente sobrecarregada e nos perguntamos: "Será que vou conseguir continuar?". Mas não pense que isso é uma derrota, pois a Palavra de Deus nos ensina a enxergar o desânimo como uma oportunidade de desfrutarmos da presença do Pai de uma maneira ainda mais profunda.

Como lemos em Salmos, nosso coração pode desfalecer, mas Deus continua sendo a nossa fortaleza para sempre. Então, ore comigo e creia nisto: do Senhor virá o socorro e o ânimo dos quais você tanto precisa!

Oração

> Pai, eu Te glorifico e Te exalto, pois não há Deus como o Senhor. Tu és tudo que eu tenho, e sei o quão bom tens sido para mim. Mas confesso que tenho caminhado desanimada e sem forças. Sinto-me sugada por dentro, como se tudo estivesse escuro, travado e sem sentido.
>
> Apesar disso, levanto a minha voz em oração, mesmo fraca e quebrada, porque creio que Tu és o Deus que sopra vida sobre ossos secos! Tu não rejeitas um coração quebrantado, e eu me achego a Ti, crendo que o Teu poder é suficiente para me levantar.
>
> Deus, Tu és a fortaleza do meu coração e a minha herança para sempre. Eu me escondo em Ti, porque sei que, mesmo quando não tenho forças, Tu me sustentas. Então, eu peço: socorre-me, Senhor, pois sinto que estou desfalecendo. Devolve força ao meu

corpo, ânimo à minha alma e esperança ao meu coração. Preciso desesperadamente de Ti!

Sei que Tu fizeste grandes coisas em minha vida e creio, com todo o meu coração, que ainda realizarás muito mais do que sou capaz de imaginar, em nome de Jesus. Por isso, eu espero em Ti, meu Deus! Tu és fiel para renovar as minhas forças.

Por favor, manda embora esse desânimo que tem inundado a minha alma. Faz-me voltar a crer intensamente, orar com fervor e Te buscar com alegria. Eu clamo pelo Teu renovo agora! Pai, em nome de Jesus, sopra sobre mim um novo fôlego.

Eu entrego esse cansaço nas Tuas mãos e declaro: meu futuro está seguro, porque entreguei minha vida ao Deus de fidelidade, que sustenta o Universo com Sua palavra! Eu não estou só nem perdida. Eu tenho um propósito, e ele não será anulado por esse desânimo. Oro com fé, por meio do nome que levanta os caídos e reacende os corações: o nome de Jesus. Amém!

Declarações

- O Deus de renovo me visita agora.
- Verei sinais da renovação de Deus em todas as áreas da minha vida.
- Recebo o ânimo que o Espírito Santo está soprando em mim.
- Em Deus, eu tenho um propósito, e ele será cumprido.
- Sou sustentada pelo Deus que não falha!

Para ouvir

Caminho no deserto - Soraya Moraes[1]

Atividade prática

Hoje, se for possível, tire um tempo para fazer uma caminhada ao ar livre, de preferência em meio à natureza. Enquanto anda, desacelere o coração, respire fundo e contemple a beleza da criação. Observe os pequenos detalhes — o canto dos pássaros, o movimento das árvores, a suavidade do vento — e perceba neles o cuidado e a presença de Deus. Durante a caminhada, converse com o Pai em oração e peça ao Espírito Santo que renove suas forças.

[1] MORAES, Soraya. **Caminho no deserto.** MORAES, Soraya. *Caminho no deserto - Single*. Rio de Janeiro: Central Gospel Music, 2017. Disponível em: <https://www.youtube.com/watch?v=xDR4vQtArMo&list=RDxDR4vQtArMo&start_radio=1>. Acesso em: 18 ago. 2025.

Dia 19

NÃO TENHA MEDO

> Não temas, porque eu sou contigo; não te assombres, porque eu sou o teu Deus; eu te fortaleço, e te ajudo, e te sustento com a destra da minha justiça.
>
> • Isaías 41.10 •

Ao longo da Bíblia, encontramos diversas passagens de encorajamento declaradas pelo próprio Deus ao Seu povo. Quando Moisés se sentiu incapaz de guiar os hebreus, o Senhor insistiu: "[...] Quem fez a boca do homem? Ou quem fez o mudo, ou o surdo, ou o que vê, ou o cego? Não sou eu, o SENHOR? Vai, pois, agora, e eu serei com a tua boca e te ensinarei o que hás de falar" (Êxodo 4.11-12).

Quando Josué teve de assumir a liderança do povo de Israel, Deus o impulsionou: "Ninguém se susterá diante de ti, todos os dias da tua vida; como fui com Moisés, assim serei contigo; não te deixarei nem te desampararei. Esforça-te e tem bom ânimo [...]" (Josué 1.5-6). Assim também aconteceu com Gideão, que, mesmo amedrontado, foi chamado de "homem valente" pelo Anjo do Senhor (cf. Juízes 6.12).

Pode ser que, hoje, você esteja enfrentando muitas inseguranças: medo do futuro, medo de tomar decisões, medo de errar ou medo do que as pessoas podem pensar a seu respeito. Mas talvez seja justamente por isso que a frase "não temas" aparece centenas de vezes na Bíblia: para cada dia, temos uma palavra de coragem na qual podemos nos apoiar.

Sim, Jesus sabia que enfrentaríamos aflições, mas fez questão de enfatizar: "Tende bom ânimo" (cf. João 16.33). Por isso, mesmo que o medo tente nos paralisar, precisamos nos agarrar às verdades que o Pai deixou para nós em Sua Palavra. Ele é o nosso ajudador, que nos acompanha em todos os momentos e nos guia pela mão, de acordo com a Sua boa, perfeita e agradável vontade.

Hoje, vamos orar para que o Espírito Santo encha o seu coração de coragem, força e de um novo ânimo. Deus é quem nos capacita, Aquele que não somente nos envia, mas também nos acompanha pelo caminho, com graça, bondade e misericórdia. Então, não se apavore; seja forte e corajosa!

Oração

> Pai, coloco diante de Ti o medo que tem me paralisado. Estou cansada de viver acorrentada por pensamentos que me amedrontam. Tenho medo do futuro, medo de perder as pessoas que amo, medo de fracassar, medo de não ser suficiente, medo até de coisas que nem aconteceram.
>
> Pai, em nome de Jesus, eu clamo por socorro, pois esses temores têm me paralisado em muitas áreas. Eles atrapalham meu sono, meus relacionamentos e minhas decisões. Eu me sinto insegura, pequena e vulnerável. Tudo isso tem me levado a abandonar projetos, sonhos e as Tuas promessas. Então, eu peço: ajuda-me, Senhor!

Sei que Tu és o Deus que comanda o Universo, e nada foge ao Teu controle. Eu entrego a minha vida nas mãos do Deus de bondade, Aquele que cuida de tudo que envolve a minha história. Tu és escudo ao meu redor, e, mesmo quando estou fraca, Tu me sustentas. Hoje, eu me levanto diante de Ti e clamo pela Tua intervenção.

A Tua Palavra diz que no amor não há medo; ao contrário, o perfeito amor expulsa o medo (cf. 1João 4.18). Por isso, eu clamo: derrama sobre mim o Teu amor perfeito, Senhor. Expulsa o medo do meu coração, da minha mente e das minhas emoções.

Decido tomar posse desta verdade: eu não estou sozinha, pois Tu estás comigo. Eu repreendo esse medo, em nome de Jesus! Meu Deus, declaro que os cenários não determinarão como eu estarei, ao contrário, eu serei inabalável, independentemente das circunstâncias, pois creio em Ti! Ajuda-me a colocar esses entendimentos em prática no meu dia a dia.

Tira do meu coração todo pânico, toda sensação de tragédia, toda expectativa de derrota. Ensina-me a viver com ousadia, coragem e confiança no Senhor. Tu és tudo que eu tenho! Minha esperança está em Ti, meu futuro está em tuas mãos e não importa o que tenho passado, o medo não me paralisará. Em nome de Jesus, Amém!

Declarações

- A presença de Deus me garante coragem.
- Eu não serei guiada pelo medo.
- Eu sou guardada, protegida e sustentada pelo Senhor.
- Minha mente está firme no Deus que me dá segurança.

Para ouvir

Enquanto oro - Paulo Cesar Baruk[1]

Atividade prática

Escreva o versículo de Isaías 41.10 em um papel e coloque-o em um local onde você o veja com frequência (como no espelho, na porta do guarda-roupa ou na geladeira). Assim, você será lembrada diariamente dessa promessa de Deus, especialmente nos momentos difíceis.

[1] BARUK, Paulo César. **Enquanto oro**. In: *Ainda em 2020 - EP*. São Paulo: Salluz, 2020. Disponível em: <https://www.youtube.com/watch?v=q4gkrUU2hgY&list=RDq4gkrUU2hgY&start_radio=1>. Acesso em: 18 ago. 2025.

Dia 20

VENCENDO A INSÔNIA

(...) aos seus amados ele o dá enquanto dormem.

• Salmos 127.2 (NAA) •

Quando as noites se tornam longas e o sono foge, é comum que nossa mente se agite e que nosso corpo não descanse, o que nos torna vulneráveis ao cansaço, à ansiedade e à falta de paz. Se não tomarmos cuidado, podemos ser consumidas por esses sentimentos.

Mas a Palavra de Deus nos lembra de que Ele é o Príncipe da Paz (cf. Isaías 9) e tem poder para nos conceder descanso verdadeiro. Em Salmos 127.2, lemos que o Pai supre nossas necessidades enquanto dormimos. De nada adiantam nossas preocupações, as madrugadas em claro e a inquietação do nosso coração, pois, enquanto descansamos, o nosso Deus continua a trabalhar.

Em Salmos 3.5, está escrito: "Eu me deitei e dormi; acordei, porque o Senhor me sustentou". Sim, somos frágeis, imperfeitas e, às vezes, as situações podem fugir do nosso controle, mas nada escapa do controle do Senhor. Por isso, podemos descansar a cabeça com tranquilidade em nossos travesseiros, com a certeza de que temos um Deus todo-poderoso, que cuida de todas as áreas de nossa vida. Quando nossos esforços não são suficientes, o poder sobrenatural de Deus é.

Para vencer a insônia e os pensamentos acelerados durante a noite, precisamos nos apegar a essas verdades tão preciosas presentes nas Escrituras. Afinal, a preocupação é inútil: ela não acrescenta nada, não nos dá mais tempo de vida nem pode oferecer uma solução para nossos problemas (cf. Mateus 6.27). Porém, feliz é aquele que espera no Senhor e entrega a Ele todos os seus dias: "Mas os que esperam no SENHOR renovarão as suas forças e subirão com asas como águias; correrão e não se cansarão; caminharão e não se fatigarão" (Isaías 40.31).

Diante de tantas promessas poderosas, vamos convidar o Senhor a trazer tranquilidade à nossa mente, para que possamos desfrutar de um sono restaurador e para que sejamos libertas de todo espírito de inquietação que rouba nossas noites.

Oração

> Pai, tenho andado cansada constantemente; a noite chega, e o sono desaparece. A casa está em silêncio, mas eu não consigo dormir. Ando e penso a noite inteira. Mas a Tua Palavra diz que, aos Teus amados, Tu dás enquanto eles dormem.
>
> Sei que amas o descanso e que a falta de dormir à noite tem me deixado estressada, ansiosa, impaciente e totalmente disfuncional. Por isso, clamo: liberta-me desse distúrbio! Coloco minhas preocupações aos Teus cuidados, porque sei que elas não podem me dar o que só Tu podes.

"Existe uma **saída** para a *vida* de quem ora!"

Com fé, declaro: em paz eu me deito, pois a Palavra me garante que tenho acesso à paz que apenas Jesus pode me dar. Sei que Tu, Senhor, és o Deus Emanuel e o Príncipe da Paz.

Hoje, declaro Salmos 4.8 e logo pego no sono, prometido a mim pela Palavra de Deus: o sono do descanso, do renovo, dos bons hormônios que são liberados enquanto durmo; o sono REM, profundo e reparador.

Eu repreendo essa insônia, em nome de Jesus. Declaro estabilidade à minha mente e alma. Chamo a presença do Espírito Santo para o meu quarto, repreendo o pavor noturno e os espíritos aprisionadores da mente que me sobrecarregam, em nome de Jesus! Creio que se cumprirá em minha vida a palavra do Deus a quem eu sirvo! Em nome de Jesus, amém.

Declarações

- O meu descanso foi conquistado por Jesus na cruz.
- Minhas madrugadas não serão roubadas e eu não as verei passar diante dos meus olhos.
- Dormirei em paz, sabendo que minha família está guardada por Deus.
- Dormirei tranquila, crendo que minhas finanças estão seguras em Deus e que tenho me organizado para mantê-las estáveis.
- O descanso noturno é para mim.
- A partir de hoje, nunca mais trocarei o dia pela noite.

Para ouvir

Sossega - Canção e Louvor[1]

Atividade prática

Algumas horas antes de dormir, desligue aparelhos eletrônicos e reduza estímulos externos. Em seguida, faça uma lista de tudo que está ocupando sua mente — preocupações, tarefas, emoções — e escreva num papel. Depois, leia a oração acima lentamente, entregando cada item dessa lista a Deus. Dobre o papel e guarde-o em um lugar especial, como símbolo de que está confiando suas preocupações ao Senhor. Repita esse ritual por sete noites e observe como seu sono e sua paz interior começarão a ser restaurados.

[1] CANÇÃO E LOUVOR. **Sossega**. In: CANÇÃO E LOUVOR. *Eu cuido de ti*. São Paulo: Canção e Louvor, 2016. Disponível em: <https://www.youtube.com/watch?v=URL>. Acesso em: 18 ago. 2025.

Orar é buscar a resposta certa no lugar certo; é ajustar o foco, alinhar as prioridades, remover as escamas; é levar cativo todo pensamento ao único trono que deve governar nossa mente e nossas escolhas; é voltar ao jardim todos os dias e escolher, por amor, a árvore da vida. Orar é pertencimento, pois nunca sou tão filha quanto quando oro; orar é trazer o que está pronto no Céu para a Terra, como Jesus nos ensinou: '[...] assim na terra como no céu' (Mateus 6.10).

Pastora Marisangela Rocha

Comunidade Evangélica da Zona Norte

Oração é quando entro perante uma Grandiosa Autoridade com muito para dizer e, depois de muitas palavras, descubro que entrei nessa conversa mais para ouvir do que falar.

Pastor Geziel Lima

Assembleia de Deus Vitória em Cristo (ADVEC)

Assim como o oxigênio é vital para o corpo, assim é a oração para minha vida espiritual. Não é apenas uma prática, mas o fôlego da minha alma. Senhor, na simplicidade e profundidade do meu coração, eu reconheço: a comunhão Contigo é o que me mantém verdadeiramente viva. Não oro por obrigação, mas por amor e paixão. Que cada palavra minha seja um encontro; cada silêncio, uma contemplação. Ensina-me, Pai, a viver na Tua presença, não como um dever, mas como uma doce necessidade que transforma cada dia em uma jornada de intimidade Contigo.

Laudjane Veloso

Igreja Batista Filadélfia

RAQUEL LIMA
MIDIAN LIMA
GABRIELA LOPES
CAMILA BARROS

Foco e direcionamento

"A *oração* nos faz alcançar o que já é **nosso** em *Cristo*."

Dia 21

PROCRASTINAÇÃO

No amor, não há temor; antes, o perfeito amor lança fora o temor (...).

• 1 João 4.18 •

Muitas de nós já nos encontramos neste cenário: deixamos para amanhã o que deveríamos fazer hoje, as demandas se acumulam e nos sentimos cada vez mais desmotivadas e ansiosas. Por conta disso, vivemos em um ciclo vicioso de procrastinação e frustrações.

Não precisamos ser produtivas a todo custo, como a sociedade atual costuma pregar. Afinal, até o próprio Deus estabeleceu para nós um tempo de descanso. Apesar disso, a Bíblia também nos ensina sobre o perigo da preguiça, principalmente no livro de Provérbios. Como cristãs, precisamos ser diligentes com aquilo que o Senhor depositou em nossas mãos, mas por que, constantemente, nós nos sentimos paralisadas?

A procrastinação tem uma raiz: o medo. Somos assombradas pelo medo de falhar, de enfrentar tarefas difíceis, medo de passar vergonha em público ou de sermos julgadas pelos outros. Muitas vezes, é esse temor que nos trava e nos impede de cumprir os propósitos de Deus para nossa vida. Por isso, temos o costume de viver adiando o que já sabemos que precisa ser feito.

Essa dificuldade de agir pode gerar um desânimo extremo, mas existe uma boa notícia: o perfeito amor lança fora todo medo. Deus nos ama apesar de nossas falhas e imperfeições. Mais do que isso, Ele quer ajudá-la a vencer seus obstáculos por meio do poder sobrenatural do Espírito Santo. Se sabemos que somos amadas pelo Senhor, podemos confiar que Ele estará conosco em todas as situações e nos tornará capazes de superar até as tarefas mais desafiadoras.

Nesta oração, vamos pedir a ajuda do Espírito Santo para romper com a paralisia da procrastinação e assumir o compromisso de viver o hoje, confiando no plano que Deus já confirmou para nós.

Oração

> Pai, em nome de Jesus, oro para que me ajudes a abandonar a procrastinação. Espírito Santo, eu reconheço que estou desmotivada, deixei passar dias e horas, tenho me entretido com tantas outras coisas e empurrei para depois o que realmente importa.
>
> As dores, frustrações e decepções me causam tanto medo que não consigo focar no que preciso fazer para que eu possa avançar. Tenho esperado tempo demais para, de fato, cumprir com o propósito que já confirmaste em minha vida, por intermédio das Escrituras e de palavras proféticas.
>
> Por isso, eu Te peço, Senhor: dá-me graça e força para romper com a preguiça e com tudo aquilo que me faz permanecer estagnada, presa na procrastinação e em pensamentos do tipo: "depois eu faço", "depois eu vou", "depois eu me envolvo", "depois eu vejo".

Pai, sei que tens mais para mim. A Tua palavra diz que posso me desfazer de tudo o que me causa temor, pois o verdadeiro amor lança fora todo o medo: o medo de fracassar, de ser vulnerável e de me expor. Já enfrentei momentos de vergonha e humilhação, e, hoje, o medo de passar por isso mais uma vez me impede de avançar. Então, eu Te peço, Espírito Santo, sê o meu ajudador nesta nova fase.

Pai, eu me comprometo contigo e comigo mesma: abandonarei a procrastinação para viver dias de paz em minha alma e mente, sabendo que és o meu ajudador e que o Teu Espírito coopera comigo. Pai, em nome de Jesus, eu oro em fé e lanço fora todas as mazelas, toda a vergonha e o medo da exposição. Coloco aos Teus cuidados a minha vida e dou a minha palavra que, a partir de hoje, focarei completamente na missão que Tu me chamaste para cumprir. A procrastinação não roubará minha alegria, meu ânimo ou minha fé, em nome de Jesus!

Não darei mais desculpas; não deixarei minhas tarefas para amanhã! Viverei o hoje do Senhor e verei o fruto de tudo aquilo que tens colocado em minhas mãos. Oro com fé, em nome de Jesus. Amém!

Declarações

- Em nome de Jesus, não darei mais desculpas e prosseguirei para o alvo.
- Em nome de Jesus, nunca mais o amanhã será uma opção.
- A procrastinação nunca mais me levará para longe do propósito.
- Decido viver de acordo com os sonhos de Deus para mim.

Para ouvir

Mais um dia

Midian Lima & Jéssica Augusto[1]

Atividade prática

Escolha uma tarefa que você tem adiado há algum tempo e se comprometa a iniciá-la ainda hoje, mesmo que de maneira simples. Ao final do dia, escreva como foi essa experiência e o que você sentiu ao dar o primeiro passo para vencer a procrastinação.

1 LIMA, Midian; AUGUSTO, Jéssica. **Mais um dia**. In: LIMA, Midian; AUGUSTO, Jéssica. *Mais um dia - Single*. Rio de Janeiro: MK Music, 2023. Disponível em: <https://www.youtube.com/watch?v=rW1obXeZNdA&list=RDrW1obXeZNdA&start_radio=1>. Acesso em: 18 ago. 2025.

Dia 22
VÍCIO EM TELAS

Filhinhos, guardai-vos dos ídolos. Amém!

• 1 João 5.21 •

Nos dias de hoje, o vício em telas — como celulares, redes sociais e outras tecnologias — tem roubado tempo precioso da nossa vida, da nossa família e do nosso relacionamento com Deus. Frequentemente, deixamos de orar e ler a Palavra porque permanecemos distraídas demais com os diversos conteúdos, fotos e vídeos que consumimos diariamente nas redes sociais.

Gastamos nosso precioso tempo nos preocupando com a vida alheia, consumindo informações desenfreadamente e nos comparando com outras pessoas na internet. A tecnologia, que supostamente deveria facilitar a nossa rotina, está nos transformando em pessoas ansiosas, depressivas e distantes do Senhor. Por isso, esse mau uso das redes deve ser encarado com seriedade, principalmente quando coloca a nossa vida espiritual em risco.

Nossa geração está acostumada a passar horas na frente do celular, e alguns nem percebem os graves problemas psicológicos que esse mau hábito pode nos causar. Porém, para além dos riscos emocionais, nós, cristãs, precisamos estar cientes de que o vício em telas nos fragiliza espiritualmente. Tudo o que substitui o lugar de Cristo em nossa vida pode se tornar um ídolo: se você prioriza se entreter com séries, vídeos e redes sociais em vez de passar tempo com o Senhor, significa que as telas podem estar se tornando o seu ídolo!

Esse é um desafio que a maioria de nós enfrenta, mas ele pode ser vencido com a ajuda do Senhor. Vamos, juntas, buscar libertação, foco e equilíbrio para viver uma vida abundante com Cristo, livres desse aprisionamento que tem afetado toda uma geração.

Oração

> Pai, em nome de Jesus, liberta-me das telas. Reconheço que estar o tempo todo nas redes sociais é o que mais tem me roubado da Tua presença, da minha família e do meu propósito de vida. Meu foco e atenção estão voltados para as telas, e tem sido tão natural que nem percebo mais.
>
> Porém, sei que as consequências estão chegando: minha mente anda ociosa e acelerada, meu coração dispara só de pensar em ficar horas sem o celular, e até meu corpo tem sido afetado. Estou improdutiva e sem nenhuma criatividade. Vejo pessoas à minha volta avançando e me sinto presa.
>
> Pai, ajuda-me a renunciar a esse vício, a ajustar minhas prioridades e a Te colocar no lugar que é só Teu. Peço perdão por noites perdidas, em que permaneci rolando a tela. O pior de tudo é que, nas manhãs seguintes, nem me lembro do que vi nas redes a noite inteira!

Perdão por dizer que estava cansada para orar e passar a madrugada em frente à tela. Eu não quero viver fugindo da realidade, da vida cotidiana, da beleza do ordinário. Perdoa-me por aceitar o entretenimento desenfreado e alimentar minha carne, gerando fraqueza espiritual!

As séries não são mais atraentes do que a Tua presença! Apesar de ser algo considerado comum para a minha geração, eu sei que isso é um ídolo que me afasta de Ti. Por isso, hoje eu declaro dependência total do Senhor para romper com esse vício e oro com fé: Em minha vida, Tu és o único! Em nome de Jesus, amém!

Declarações

- Eu me esforçarei e buscarei forças em Ti para não passar madrugadas em claro nas telas.
- Em nome de Jesus, a obra de Deus já começou em mim.
- Sou livre deste vício e resistirei a ele.
- Pai, perdoa-me por tanto tempo perdido!

Para ouvir

Boa parte - FHOP Music & Nívea Soares[1]

[1] FHOP MUSIC; SOARES, Nívea. **A boa parte (Ao vivo)**. In: FHOP MUSIC. *A boa parte*. Florianópolis: Fhop Music, 2024. Disponível em: <https://www.youtube.com/watch?v=dlGOiuxSzVw&list=RDdlGOiuxSzVw&start_radio=1>. Acesso em: 18 ago. 2025.

Atividade prática

Durante a semana, observe os momentos em que você mais recorre às telas e anote os gatilhos (emoções, situações ou horários). Escolha um desses momentos para substituir o uso do celular por um tempo de oração, leitura da Bíblia ou uma atividade que traga paz. Registre como se sente após essa prática.

Dia 23

FALTA DE FOCO

Os passos de um homem bom
são confirmados pelo SENHOR,
e ele deleita-se no seu caminho.
Ainda que caia, não ficará prostrado,
pois o SENHOR o sustém
com a sua mão.

• Salmos 37:23-24 •

Qual é o seu propósito? O que faz você levantar da cama de manhã mesmo sem vontade? Muitas vezes, nós nos sentimos travadas pela falta de foco porque nos esquecemos do motivo pelo qual caminhamos. Uma vida sem propósitos é uma jornada vazia, entediante, triste e sem nenhum sentido. É por isso que diversas pessoas se sentem desmotivadas, distraídas, incapazes de cumprir com o que se comprometeram, e permanecem à procura de algo novo que possa preencher o vazio existencial de suas almas.

Felizmente, em Cristo, nossa vida adquire um propósito valioso. Uma vez salvas, nós nos tornamos filhas de Deus e participantes daquilo que Ele está realizando nesta Terra. Capacitadas pelo Espírito Santo, adquirimos uma nova identidade e passamos a usar nossos dons e talentos para glorificar a Deus e fazê-lO conhecido onde quer que estejamos.

Hebreus 12.2 nos revela qual deve ser o foco de todo cristão: manter os olhos fixos em Jesus, o autor e consumador da nossa fé. Só Ele é capaz de nos encher de ânimo e força para cumprir com a missão que o Pai depositou em nossas mãos. Olhando firmemente para Jesus, Paulo era capaz de afirmar: "Em tudo somos atribulados, mas não angustiados; perplexos, mas não desanimados; perseguidos, mas não desamparados; abatidos, mas não destruídos" (2Coríntios 4.8-9). A convicção de quem somos em Cristo é o combustível que nos impulsiona a perseverar.

Você, que tem sentido dificuldade em terminar o que começa e em manter a constância naquilo que sabe que deveria estar fazendo. Você, que tem se distraído facilmente e sente como se a mente estivesse sem direção, ore comigo agora. Coloque a mão sobre a cabeça e declare: "Senhor, alinha meus pensamentos ao Teu propósito!".

Oração

> Pai, louvado seja o Teu nome! Eu Te exalto neste dia, glorifico o Senhor e reconheço que Tu és poderoso sobre tudo. Sei que podes me ajudar em meio à falta de foco que tem me paralisado. Pai, não consigo terminar tarefas, tenho me perdido em distrações e me sinto frustrada.
>
> Em nome de Jesus, eu Te entrego esse cansaço mental, essa dificuldade em avançar, em concluir e em permanecer constante. Renova a minha mente, Senhor, em nome de Jesus, alinha os meus pensamentos com os Teus. Faz-me enxergar com clareza

o caminho que o Senhor tem para mim. Dá-me disciplina, constância e sabedoria.

Meu Senhor, eu clamo por direção do Alto. Pai, toma minha mente, meus pensamentos, meu sistema nervoso central e ajusta o que está fora do lugar. Que, em meu interior, haja a ordem necessária para que meu cérebro comande meu corpo em direção ao Teu propósito para mim. Eu oro pedindo ao Deus que criou o cérebro humano, visita-me agora!

Pai, transforma minha mente! Tira as confusões, as comparações, as distrações, e me ajuda a viver focada na Tua vontade. Como está escrito na Tua Palavra, eu declaro com fé: Tu, Senhor, firmarás os meus passos, e eu não cairei, pois Tu me sustentas com a Tua mão. Em nome de Jesus, eu não viverei mais oscilando entre começos e abandonos.

Pai, Tu és o Deus da ordem, e não da confusão. Eu entreguei minha vida ao Deus que dá direção aos perdidos, que ilumina os caminhos escuros e capacita os cansados. Eu creio que Tu renovarás minha mente, meu foco e minha visão. Em nome de Jesus, amém!

Declarações

- Eu repreendo toda confusão mental, em nome de Jesus!
- Eu tenho a mente de Cristo, cheia de sabedoria e clareza.
- Serei constante e focada no propósito que Deus tem para mim.
- O Senhor firmará meus passos, em nome de Jesus!

Para ouvir

Todos os meus dias - Gabriel Guedes[1]

Atividade prática

Hoje, separe um momento para organizar suas tarefas em uma lista. Identifique o que é mais urgente ou importante e comprometa-se a concluir essa demanda com dedicação. Comece pelo essencial e avance com foco, crendo que o Senhor pode ajudá-la em todos os momentos do seu dia.

[1] GUEDES, Gabriel. **Todos os meus dias (Ao vivo)**. In: GUEDES, Gabriel. *Todos os meus dias (Ao vivo) - Single*. São Paulo: Onimusic, 2021. Disponível em: <https://www.youtube.com/watch?v=jQm17let5lA&list=RDjQm17let5lA&start_radio=1>. Acesso em: 18 ago. 2025.

Dia 24

A MELHOR ESCOLHA

E, se algum de vós tem falta de sabedoria, peça-a a Deus, que a todos dá liberalmente e não o lança em rosto; e ser-lhe-á dada.

• Tiago 1.5 •

Que versículo maravilhoso e confortante! Como é bom carregar esta certeza, garantida pela Palavra de Deus: se pedirmos por sabedoria, Ele nos concederá, sem condições ou qualquer agravo. Em Provérbios 2.6, o sábio Salomão afirma: "Porque o SENHOR dá a sabedoria, e da sua boca vem o conhecimento e o entendimento". Glória a Deus, porque *Ele* é quem nos dá!

Talvez você se encontre em uma situação sem saída, incapaz de enxergar uma solução para o problema que está vivendo agora. Pode ser que você pense que é o fim, pois se sente limitada emocional e intelectualmente e até paralisada fisicamente. Talvez você não consiga encontrar respostas, não saiba quais decisões precisa tomar e permanece se questionando: "Como agir?"; "O que fazer"; "Para onde devo ir?"; "Por onde entrar ou sair?"; "Que propostas devo aceitar ou negar?"; "O que dizer?"; "Com quem conversar?".

Se você se sente cativa, em um ciclo de incertezas que tem afligido a sua alma e o seu coração, hoje, pela Palavra de Deus, o Espírito Santo afirma esta certeza: há um caminho, uma solução e uma forma de agir para tomar as melhores decisões. *Sabedoria* é a resposta. Deus tem e Deus dá! Que maravilha poder saber disso. Então, vamos pedir e orar?

Oração

Senhor, Deus e Pai, em nome de Jesus, venho a Ti neste dia para suplicar ao Senhor que, por Tua bondade e misericórdia, Tu te compadeças de mim nesta situação. Eu ando aflita e angustiada por não saber o que fazer, com quem conversar, como falar e quais decisões tomar.

Mas, eis-me aqui, porque conheço a Ti e sei que és a própria sabedoria e que és misericordioso para abrir o meu entendimento. Faz-me conhecer a Tua vontade, os melhores caminhos e escolhas que preciso fazer, pois a Tua Palavra afirma que, se temos falta de sabedoria, podemos pedir, e o Senhor nos concederá.

Por isso, clamo conforme as Escrituras: por favor, Deus, cumpre a Tua Palavra em mim e me dá sabedoria. Faz-me Teu alvo nesta minha petição e me concede discernimento, Senhor! Por favor, eu Te suplico, pois preciso da Tua ajuda! Organiza os meus pensamentos e orienta meus passos.

Senhor, repreende a ansiedade e a pressa dos meus pensamentos, desfaz toda a desordem mental no meu modo de pensar, em nome de Jesus. Repreende todo atrapalho e embaraço emocional que me impede de ter a lucidez e a visão clara das circunstâncias ao meu redor. Derrama sobre mim a Tua paz, que excede todo entendimento humano e natural.

Ajuda-me a transcender a razão dos homens pelo poder do Teu Espírito Santo, que em nós opera. Eu oro ao Teu Espírito nesta hora, suplicando: opera a Tua obra em minha vida e mente, em nome de Jesus. De todo o meu coração, peço que atendas o meu clamor, Senhor, por favor. Em nome de Jesus, amém.

Declarações

- Deus é a fonte da sabedoria, e quando peço, Ele me dá.
- Mesmo sem saber o que fazer, eu confio que o Senhor me mostrará o caminho certo a seguir.
- A paz de Deus, que excede todo entendimento, está sobre mim e governa a minha mente e coração.
- O Espírito Santo organiza meus pensamentos, me dá discernimento e me guia com clareza e direção.

Para ouvir

A Ele a glória - Nani Azevedo[1]

Atividade prática

Sempre que se sentir confusa, insegura ou aflita por não saber o que fazer, tire um tempo para meditar em Tiago 1.5, lembrando-se de que a sabedoria está disponível e que o Pai quer orientar você.

[1] AZEVEDO, Nani. **A Ele a glória**. In. AZEVEDO, Nani. *Excelência*. São Paulo: Central Gospel Music, 2011. Disponível em: <https://www.youtube.com/watch?v=b-3TdJBSlyk&list=RDb-3TdJBSlyk&start_radio=1>. Acesso em: 18 ago. 2025.

"*Saber* que
Deus nos dá
sabedoria
quando
pedimos é
a resposta
para *uma vida*
plena n'Ele."

Dia 25

POSICIONAMENTO

Porque a ardente
expectação da criatura
espera a manifestação dos
filhos de Deus.

• Romanos 8.19 •

Primeiramente, você sabia que, a partir do momento em que recebemos a Cristo, somos transformadas, santificadas e capacitadas a cada dia? Ao contrário do que muitos pensam, nós, cristãos, não fomos chamados para permanecer na zona de conforto, como se as Boas-Novas servissem apenas para satisfazer nossos desejos pessoais. Sim, pela graça de Deus, o Evangelho chegou até você, mas ele não deve parar em você.

Quanto mais nos relacionamos com Jesus, mais nos tornamos parecidas com Ele, e isso naturalmente gera impacto nas pessoas ao nosso redor. O Senhor não quer que sejamos crentes passivas, mas Ele deseja nos capacitar com Seu Espírito para que a realidade em que vivemos seja sobrenaturalmente transformada.

Por meio do Evangelho, aprendemos a servir, a amar, a perdoar e a amar o próximo como a nós mesmas, pois a luz de Cristo é refletida em nós. Como Jesus nos ensinou: ninguém acende uma lâmpada para escondê-la, pois seu maior propósito é iluminar (cf. Mateus 5.15). Então, minha amiga, entenda de uma vez por todas: não dá mais para se esconder. Para, porque está feio!

O mundo espera pelo nosso posicionamento, como Paulo afirma em Romanos 8.19. Somos chamadas a nos manifestarmos e pregarmos a salvação de todo aquele que crê. Ainda em sua carta aos romanos, Paulo afirma: "Eu não me envergonho do Evangelho" (cf. Romanos 1.16); e essa também deve ser a nossa atitude.

Você sabe que precisa se levantar, posicionar-se diante de Deus, mas sente medo, culpa ou insegurança? Tem receio do que os outros podem pensar a seu respeito? Sente que está se deixando levar pelas opiniões dos outros? Creia que isso será cancelado em sua vida! Vamos orar juntas agora.

Oração

> Pai, agora eu oro e coloco diante de Ti essa paralisia que tem me feito adiar decisões, ignorar chamados e aceitar situações que sei que não vêm de Ti. Pai, estou cansada de viver no meio-termo, tentando agradar a todos e me esquecendo de obedecer ao Senhor. Não quero mais ser levada pelas ondas, pelos sentimentos ou pela opinião dos outros; eu quero me posicionar como Tua filha, com identidade, firmeza e coragem.
>
> Senhor, clamo, em nome de Jesus: levanta-me e endireita os meus passos! Que a minha fé não seja vacilante. Que o meu coração não seja dividido. Que minhas atitudes revelem quem eu sirvo de verdade!
>
> Ajuda-me a ter decisões claras, uma mente firme e um espírito estável. Pai, quero ser constante e firme no que creio, no

que vivo e no que falo. Então, peço que me posiciones, mesmo que eu tenha de fazer renúncias.

Na minha casa, Senhor, que eu me levante como referência e que eu não fuja da responsabilidade de ser canal da Tua presença dentro da minha família. Em nome de Jesus, eu rejeito toda passividade espiritual, todo medo de confronto e toda covardia. Eu me posicionarei e pregarei o Evangelho com palavras e atitudes, pois não aceito mais me esconder quando o Senhor me chama para me levantar.

Tu és o meu Deus, meu fundamento e meu norte. Hoje, eu me posiciono em minha vida espiritual, no lar, no trabalho e nas amizades, como quem sabe a quem pertence. Por isso, Pai, em nome de Jesus, eu clamo: que venha sobre mim a Tua coragem, Tua ousadia e Tua unção para cumprir o que o Senhor me chamou para viver. Em nome de Jesus, amém!

Declarações

- Eu honrarei a missão que Deus me confiou.
- Não serei mais influenciada por opiniões ou inseguranças.
- Eu me posiciono como filha do Deus vivo.
- Serei constante, ousada e guiada pelo Espírito.

Para ouvir

Sonda-me, usa-me - Aline Barros[1]

Atividade prática

Pegue uma folha e escreva:

- Em que áreas da minha vida tenho sido omissa?
- Em que situações o Senhor tem me pedido para me posicionar?

Depois, escreva uma pequena decisão prática que você pode tomar ainda hoje como um ato de posicionamento.

[1] BARROS, Aline. **Sonda-me, usa-me (Ao vivo)**. In: BARROS, Aline. *Som de adoradores (Ao vivo)*. São Paulo: MK Music, 2004. Disponível em: <https://www.youtube.com/watch?v=zUOaDzTmpNA&list=RDzUOaDzTmpNA&start_radio=1>. Acesso em: 18 ago. 2025.

RAQUEL LIMA
MIDIAN LIMA
GABRIELA LOPES
CAMILA BARROS

O poder sobrenatural de Deus

"Pela *oração*, participamos de **batalhas** *invisíveis* e as vencemos."

Dia 26

SOCORRO, DEUS!

O SENHOR te ouça no dia da angústia; o nome do Deus de Jacó te proteja. Envie-te socorro desde o seu santuário e te sustenha desde Sião. Lembre-se de todas as tuas ofertas e aceite os teus holocaustos. Conceda-te conforme o teu coração e cumpra todo o teu desígnio. Nós nos alegraremos pela tua salvação e, em nome do nosso Deus, arvoraremos pendões; satisfaça o SENHOR todas as tuas petições. Agora sei que o SENHOR salva o seu ungido; ele o ouvirá desde o seu santo céu com a força salvadora da sua destra. Uns confiam em carros, e outros, em cavalos, mas nós faremos menção do nome do SENHOR, nosso Deus. Uns encurvam-se e caem, mas nós nos levantamos e estamos de pé. Salva-nos, SENHOR! Ouça-nos o Rei quando clamarmos.

• Salmos 20 •

Esse salmo revigora a nossa confiança na certeza de que Deus está disposto e disponível a nos enviar socorro quando necessitamos. Aleluia! Glória a Deus, porque n'Ele está toda a providência, Ele é quem opera o que era impossível em nossa vida. Em outras palavras, o salmista está dizendo: confiamos em Seu nome, acreditamos no Seu poder, testemunharemos da obra do socorro que Sua mão realizou quando precisamos!

Se você está passando por uma fase difícil, na qual, por conta da escassez, a vergonha e o medo estão assaltando seu coração, eu quero lembrá-la de que, conforme a Palavra, há uma saída, há socorro, há provisão divina para a vida de quem ora! Deus tem o que você precisa e pode realizar o que você não pode!

Porém, antes de orar, precisamos nos comprometer a testemunhar o milagre de Deus quando Sua resposta chegar, para glorificar o nome d'Ele. Você não poderá dizer que foi pela força do seu braço, dos seus recursos ou que a sua inteligência a livrou. Em vez disso, terá de contar que somente Ele poderia ter feito o que fez. Pois Deus age na vida de quem espera n'Ele e no Seu poder sobrenatural. Então, não deixe de compartilhar com os outros o que o Senhor tem realizado em sua vida. Combinado?

Oração

> Deus todo-poderoso, Pai de nosso Senhor e Salvador Jesus Cristo, Criador dos Céus e da Terra, Deus de Abraão, de Isaque e de Jacó; Tu és poderoso para fazer a promessa, para cumpri-la e para dar manutenção ao que realizas. Creio em Ti!
>
> Invoco o Teu nome, ó Deus todo-poderoso, na certeza de que Tu podes operar o querer e o efetuar daquilo que eu preciso

receber, e de que só Tu, e mais ninguém, podes fazê-lo. Preciso do socorro do Senhor, tem misericórdia de mim e me ajuda.

As portas que eu conheço estão fechadas para mim, e as que estão abertas não me são suficientes nesta hora. Por isso, peço que venhas em meu auxílio, pois a vergonha está próxima de mim, e o desespero tem tentado arrebatar meu coração. Apesar disso, eis-me aqui, com os meus olhos e a minha confiança fixos em Ti, pois Tu és o meu socorro.

Já fizeste outras vezes, então sei que podes me ajudar de novo, porque este é o Teu caráter: bondoso, amigável e cheio de misericórdia. Por favor, responde-me a tempo de que minha esperança não se vá para longe, a tempo de que nem o mal nem os credores me cubram de vergonha, sem que eu possa me defender.

Sê Tu o meu seguro e meu recurso, responde-me com o necessário para que eu saia desta situação horrorosa e deprimente. Glorifica o Teu nome nas minhas circunstâncias, tem misericórdia de mim e das coisas que levam o bom nome que Tu me deste. Protege o que a Tua destra plantou em minha vida. Preserva-me e faz-me evoluir nas áreas da minha vida em que o crescimento parou e a prosperidade cessou.

Entra com providência, Deus de Israel! Rega a minha terra, Deus de Abraão! Cessa a esterilidade da minha casa e dos meus negócios, Deus de Isaque, e guarda o que já me concedeste, para que eu não perca o que já conquistei, Deus de Jacó!

Por favor, socorre-me, em nome de Jesus, Senhor, meu Deus e meu Pai. Eu suplico e imploro: Espírito Santo de Deus, ajuda-me e me responde. Envia-me a Tua providência, revela-me a Tua provisão. Em nome de Jesus, amém e amém.

Declarações

- Meu socorro vem do Senhor, que tem poder para abrir portas, trazer provisão e cessar toda vergonha.
- Creio que Deus é poderoso para fazer, manter e sustentar o milagre que já começou na minha vida.
- A minha confiança está firmada em Deus, e eu testemunharei da Sua fidelidade quando a resposta chegar.
- Não foi minha força, inteligência ou recurso, foi a mão do Senhor que operou o impossível em meu favor!

Para ouvir

Vale a pena ser profeta - **Ludmila Ferber**[1]

Atividade prática

Compartilhe com alguém (por mensagem, em uma conversa ou até em suas redes sociais) o que Deus tem feito em sua vida, glorificando o nome d'Ele em todas as circunstâncias!

[1] FERBER, Ludmila. **Vale a pena ser profeta**. In: FERBER, Ludmila. *Adoração profética 4: Nunca pare de lutar (Ao vivo)*. Rio de Janeiro: Sony Music, 2002. Disponível em: <https://www.youtube.com/watch?v=nSh_TqWWDyo&list=RDnSh_TqWWDyo&start_radio=1>. Acesso em: 18 ago. 2025.

Dia 27

TAMBÉM QUERO

E disse-lhe Pedro:
Eneias, Jesus Cristo te dá saúde;
levanta-te e faze a tua cama.
E logo se levantou.

• Atos 9.34 •

Eneias era um homem paralítico que já estava sem saúde há oito anos, preso a uma cama e a um diagnóstico nada promissor. Mas, como acabamos de ler no versículo de abertura deste devocional, o apóstolo Pedro, cheio da autoridade do Espírito Santo, ministra sobre ele esta declaração de fé: "Cristo te dá saúde, levanta-te"; e Eneias logo se levantou. Aleluia!

Essa graça e esse poder também estão disponíveis para nós atualmente. Veja que Pedro disse: "Jesus Cristo te dá...". Aquele milagre não aconteceu por causa de Pedro e, da mesma forma, as maravilhas não operam hoje pelo meu ou pelo seu poder. É Jesus quem faz, o mesmo ontem, hoje e eternamente (cf. Hebreus 13.8).

Logo, se Eneias recebeu, você e eu também podemos receber. Neste dia, quero encorajá-la a crer que o impossível é a especialidade do doutor Jesus. O Médico dos médicos tem a saúde que você procura e precisa. *Ele tem e Ele dá*! O Senhor deu a Eneias e pode oferecer a você também. Talvez, você esteja diante de um diagnóstico amedrontador, ou pode ser que, por conta de alguma doença, esteja passando por um cansaço extremo, que a impede de viver abundantemente. Porém, creia que *Jesus Cristo tem e pode lhe dar saúde*!

Oração

Senhor, Deus e Pai, preciso do Senhor Jesus na minha vida neste momento, porque só Tu podes me ajudar. Jesus, concede-me saúde para que eu viva uma vida que Te glorifique com alegria e disposição. Tu deste para Eneias e podes dar para mim, por isso Te peço, porque sei que podes.

Por favor, manifesta saúde sobre mim, Senhor: sobre as minhas células, meu sangue, meus ossos, nervos, pele e todos os meus órgãos. Traz saúde para o meu corpo, Jesus! A Tua Palavra declara que, pelas Tuas pisaduras, fomos sarados (cf. Isaías 53.5), e eu creio nas Escrituras. Então, opera em mim a evidência dessa obra e arranca minhas dores, por favor. Fortalece a minha imunidade, derrama sobre mim o Teu sangue e me reveste contra todo o mal presente em meu organismo.

Desfaz todo processo inflamatório, para que a doença que progrediu até hoje comece a recuar, em nome de Jesus. Eu rejeito toda palavra contrária às palavras de vida e saúde que tens para mim, e Te peço: desfaz agora a sentença de todas elas. Em nome de Jesus, saiam da minha vida, da minha casa, da minha família, do meu sangue e dos meus ossos, agora!

Restaura-me e me cura por completo, Senhor. Enche-me de alegria e vigor, por favor. Em nome de Jesus, amém e amém.

"É *Jesus* quem faz, o mesmo ontem, **hoje** e eternamente."

Declarações

- Jesus Cristo pode me dar saúde.
- O impossível é a especialidade do doutor Jesus.
- Jesus me fortalece, restaura o meu corpo e me reveste contra todo mal.
- Deus é o meu Salvador e o meu Médico.

Para ouvir

A última palavra é d'Ele - **Jessica Augusto**[1]

Atividade prática

Hoje, separe um momento a sós com o Senhor, em louvor e adoração. Derrame aos pés de Cristo suas angústias e deixe que o poder renovador do Espírito Santo lave seu interior e lhe proporcione um novo ânimo. Lembre-se: "Bem-aventurados os que choram, porque eles serão consolados" (Mateus 5.4).

[1] AUGUSTO, Jéssica. **A última palavra é Dele (Ao vivo)**. In: AUGUSTO, Jéssica. *A última palavra é Dele (Ao vivo) - Single*. São Paulo: Todah Music, 2021. Disponível em: <https://www.youtube.com/watch?v=XRzHk5ZI5qA&list=RDXRzHk5ZI5qA&start_radio=1>. Acesso em: 18 ago. 2025.

Dia 28

REPREENDENDO A ESCASSEZ

Porque assim diz o SENHOR, Deus de Israel: A farinha da panela não se acabará, e o azeite da botija não faltará, até ao dia em que o SENHOR dê chuva sobre a terra.

• 1Reis 17.14 •

A escassez pode atingir diferentes áreas da nossa vida — financeira, emocional, espiritual. Mas a Palavra de Deus nos assegura que Ele é o nosso provedor, dono do ouro e da prata (cf. Ageu 2.8), e cuida de todas as nossas necessidades.

O livro de 1Reis conta a história da viúva de Sarepta, que vivia em uma temporada de extrema fome e seca. Quando foi abordada pelo profeta Elias, afirmou: "[...] Vive o SENHOR, teu Deus, que nem um bolo tenho, senão somente um punhado de farinha numa panela e um pouco de azeite numa botija; e, vês aqui, apanhei dois cavacos e vou prepará-lo para mim e para o meu filho, para que o comamos e morramos" (1Reis 17.12). No entanto, Deus tinha outros planos para sua família.

O mais surpreendente dessa história é que o Senhor escolheu justamente uma mulher sem marido, pobre e sem recursos para sustentar Elias. Dessa forma, não haveria dúvidas de que Ele é quem opera milagres. Quando dependemos da provisão de Deus, podemos ter certeza de que seremos supridas muito além do que imaginamos.

Aquela viúva presenciou um grande milagre em seu lar: mesmo em meio à escassez, não lhes faltou farinha nem azeite, e todos de sua casa desfrutaram de uma fartura sobrenatural. Esse é o poder do nosso Deus!

Então, vamos orar com fé, declarando as promessas de Deus e abrindo espaço em nossa vida para que Ele opere milagres. Esta oração é um clamor por provisão, ideias e libertação da escassez.

Oração

Pai, em nome de Jesus, oro por um tempo de provisão do Senhor sobre a minha vida. A Tua Palavra diz que os tesouros e as riquezas estão Contigo (cf. Provérbios 8.18). Por isso, Pai, eu Te peço: abre sobre a minha casa o Teu bom tesouro.

Dá-me criatividade, coloca uma marca no meu empreendimento e abençoa as minhas mãos, como fizeste com José no Egito, quando toda a casa de Potifar prosperou enquanto ele esteve lá (cf. Gênesis 39.5).

Eu repreendo todo espírito de falência. Inclina o coração dos reis desta Terra para o meu projeto e faz-me prosperar. Coloca um ponto final neste deserto financeiro.

A Tua Palavra diz que Tua é a prata e Teu é o ouro (cf. Ageu 2.8-9), então eu oro, Senhor, para que Tu abras as portas das oportunidades em minha vida.

Clamo por estratégias e chamo à existência o que ainda não existe, porque vejo, por fé, minha casa, minha empresa e tudo o

> que leva o meu nome prosperando para a Tua glória! Em nome de Jesus, amém.

Declarações

- O tempo de escassez em minha vida está perto de terminar.
- A necessidade não é maior do que o Senhor, por isso deixarei de murmurar.
- Declaro multiplicação: assim como a viúva de Sarepta viu sua farinha e azeite aumentarem, eu não terei falta de nada!
- Serei fiel em todo tempo e não deixarei de honrar o altar de Deus com meus dízimos e ofertas.
- Creio que novas portas estão sendo abertas e o Céu está liberando estratégias divinas sobre mim.

Para ouvir

Deus de obras completas - **Kemilly Santos**[1]

Atividade prática

Tire um tempo para revisar suas finanças e trace metas com Deus. Escreva um plano simples com o que você tem em mãos, e depois ore apresentando isso ao Senhor. Separe também uma oferta, ainda que simbólica, como expressão de fé e confiança de que a escassez está sendo vencida no mundo espiritual.

[1] SANTOS, Kemilly. **Deus de obras completas (Ao vivo)**. In: SANTOS, Kemilly. *Deus de obras completas (Ao vivo) - Single*. São Paulo: Todah Music, 2021. Disponível em: <https://www.youtube.com/watch?v=Ds200TtR97o&list=RDDs200TtR97o&start_radio=1>. Acesso em: 18 ago. 2025.

"O *Médico* dos médicos tem a saúde que você procura e **precisa.**"

Dia 29

ERGUENDO OS MUROS AO MEU REDOR

> Ainda que eu andasse pelo vale da sombra da morte, não temeria mal algum, porque tu estás comigo; a tua vara e o teu cajado me consolam.
>
> • Salmos 23.4 •

Esse "Ainda que..." é o que mais me impressiona nesse salmo de Davi. Em suas palavras de devoção, ele atinge o limite máximo: a morte, pois não há nada nesta Terra mais próximo do fim do que isso. Apesar de ser algo tão temido por nós, sua confiança se mostra inabalável diante de qualquer vale tenebroso.

É com essa confiança que devemos caminhar. Veja, ele afirma: "Não temerei mal algum". Ele não está dizendo que não enfrentará o medo, afinal, este sentimento faz parte da vida. Em vez disso, Davi afirma que não será movido ou abalado por ele. Sem dúvidas, Davi tem a fé e a confiança de quem carrega uma história com Deus e de quem pode se apoiar na lembrança do que já viu o Senhor fazer: Ele pode livrar, salvar e nos defender.

Davi fora protegido, por Deus, de exércitos, de animais e de homens mais poderosos do que ele. Por isso, essa confiança, que não pode ser abalada nem pelo vale mais sombrio e ameaçador da morte, é algo que se constrói. E a boa notícia é que ela também pode ser conquistada por nós, quando oramos por proteção, por segurança, por ajuda ou livramento.

Assim como Davi, você e eu também podemos construir uma confiança inabalável em Deus. Pela fé, veremos o Senhor erguer um muro de fogo e de anjos enviados por Ele ao nosso redor, para nos proteger e guardar de todo mal. Assim, o medo não abalará nenhum fio de cabelo de nossas cabeças, "*porque Tu estás comigo*". Glória a Deus!

Nossa proteção é o Senhor! Sua presença é o que nos encoraja. Sua Palavra nos consola e é a vara em que nos apoiamos enquanto caminhamos. Então, não tema, pois o Senhor está com você! Caminhe e não pare, porque hoje é um bom dia para você conquistar essa confiança e ver o forte muro da proteção de Deus se erguendo ao seu redor. Além disso, lembre-se: Ele protege você e pode proteger os seus. Então, coloque-os também para o lado de dentro do muro em oração.

Oração

> Senhor, Deus e Pai, creio em Ti e no Teu poder. Creio na Tua força e sei que não há ninguém que possa contra Ti. Pois do Senhor é a Terra, a sua plenitude, o mundo e tudo o que nele existe. Sei que, agindo o Senhor, ninguém pode impedir ou atrapalhar. Por isso, confio minha vida aos Teus cuidados, pois estou certa de

que me amas e me proteges. A paz dos meus dias está em saber que todos eles estão em Tuas mãos.

Cuida de mim, Deus, por favor, quando eu estiver andando ou parada, sentada ou de pé, dormindo ou acordada, consciente ou inconsciente. Guarda-me e livra-me, no poder do Teu nome, Senhor Jesus. Esconde-me no Teu esconderijo, protege-me dos homens maus, das mulheres estranhas, dos corações malignos, dos olhares invejosos, das setas que voam de dia, da peste que anda na escuridão, onde ninguém vê.

Protege-me nos ares, por entre as nuvens, dentro dos aviões; também no mar, nas águas em que mergulho, sejam reservas, cachoeiras, rios ou piscinas; nos barcos que navegam, nos transportes terrestres, nas estradas por onde passo, nas trilhas, trilhos, becos e vielas por onde caminho a pé. Passa o sangue do Cordeiro nos umbrais das portas por onde eu entrar, e guarda, em Teu nome, a minha saída. Em nome de Jesus, seja dentro ou fora de casa, reveste-me de proteção, Senhor.

Desfaz a armadilha preparada contra mim e livra-me do laço do passarinheiro, Pai, em nome de Jesus. Livra-me também da queda e do tombo, dos acidentes domésticos, das confusões, contendas e mal-entendidos; desfaz todo embaraço que planejam e arquitetam contra a minha vida.

Livra-me do alto da cabeça até a planta dos pés e cobre também quem estiver sob a minha responsabilidade, por favor, Pai. Sê Tu a nossa segurança, Pai, não nos abandones, dá-nos da Tua cobertura e proteção.

Também Te peço: livra-nos da violência, protege a minha casa dos crimes de sangue, dos desastres e das tragédias, da bala

"A **paz** dos meus dias está em *saber* que todos eles estão em *Tuas mãos*."

perdida, do sequestro e dos homens violentos. Guarda a minha casa e a minha família da perdição e da destruição. Se preciso for, dá ordem aos Teus anjos para que pelejem por nós e nos livrem, em nome de Jesus. Pai, protege a mim e aos que amo. Por favor, tem misericórdia de mim e guarda os meus.

Estende a Tua cobertura sobre tudo o que leva meu nome e sobrenome. Guarda-me, em Teu poderoso e majestoso nome. Levanta um muro de fogo que consuma todo mal ao meu redor. E eu contarei testemunhos na congregação e nas ruas e, com canções de livramento, direi a todos que és Tu quem me cercas, pois a proteção contra os laços de morte vem de Ti. Testemunharei que ninguém livra, guarda e protege como o Senhor!

Glória ao Teu nome, ó Altíssimo, Tu és meu esconderijo, minha torre forte, meu auxílio, meu refúgio, minha fortaleza, meu libertador, minha proteção, minha herança, meu galardão! Louvado, engrandecido e exaltado seja o Teu nome em minha vida, para sempre e eternamente. Assim eu oro, crendo, com confiança, em Cristo, o autor e consumador da nossa fé. Em nome de Jesus, amém e amém.

Declarações

- Em meio à tempestade, o Senhor é o meu refúgio.
- Ainda que eu ande pelo vale da sombra da morte, não temerei mal algum.
- Confio minha vida aos cuidados do Senhor, sabendo que Ele me ama e me protege em todos os momentos.
- O Senhor é minha segurança, meu esconderijo e a fortaleza que me guarda contra todo mal.

Para ouvir

Aqui o mal não vai entrar - Samuel Messias[1]

Atividade prática

Durante esta semana, reserve alguns minutos por dia para memorizar o salmo 23.

[1] MESSIAS, Samuel. **Aqui o mal não vai entrar**. In: MESSIAS, Samuel. *Aqui o mal não vai entrar - Single*. São Paulo: MK Music, 2021. Disponível em: <https://www.youtube.com/watch?v=fKSL1VWfhG4>. Acesso em: 18 ago. 2025.

Dia 30

CURA DO FÍSICO

(...) e pelas suas feridas fostes sarados.

• 1Pedro 2.24 •

Quando enfrentamos dores físicas, diagnósticos difíceis ou um tratamento desgastante, nosso coração pode se abater. Se olharmos apenas para as circunstâncias ao nosso redor e para a dor que sentimos, podemos até pensar que superar essa fase desafiadora é impossível. Mas, mesmo nesse lugar onde desistir parece ser a melhor escolha, encontramos na Palavra de Deus diversas promessas de esperança e cura.

As Escrituras são claras ao afirmar que, pelas feridas de Jesus, fomos sarados. Além disso, os diversos milagres de cura física e espiritual não foram incluídos na Bíblia à toa; esses relatos são como um combustível para nossa fé, já que o Deus que operava maravilhas no passado é o mesmo Deus que está conosco hoje. Todos esses episódios de restauração servem para nos lembrar de que o nome de Jesus tem poder — ontem, hoje e sempre — para fazer o que a medicina e a lógica humana consideram impossível.

Mais do que isso, podemos ter a certeza de que temos um Pai que não nos abandona em meio ao sofrimento. Infelizmente, neste mundo, estamos expostas a dores, perdas, doenças e aflições, mas carregamos uma promessa poderosa: "[...] e eis que eu estou convosco todos os dias, até à consumação dos séculos" (Mateus 28.20). Cristo permanece ao nosso lado em todo tempo, e isso é o que nos dá forças sobrenaturais para enfrentar os processos difíceis de nossa vida. Por isso, hoje, vamos orar e levantar um clamor de fé, entregando, com confiança, a nossa saúde nas mãos do Deus que ainda faz milagres.

Oração

> Pai, a Tua Palavra diz que, pelas feridas de Jesus, nós fomos sarados. Então, eu me alinho com as Escrituras, tomando posse daquilo que já foi liberado a meu respeito, e declaro cura sobre o meu corpo, meus órgãos e meu físico.
>
> Pai, são tantas medicações, tantas preocupações acerca da minha saúde, são tantos exames que me sinto cansada. Por isso, Senhor, eu Te peço, em nome do Teu Filho amado Jesus Cristo: toca onde nenhum médico pode tocar e faz o que nenhum remédio pode realizar.
>
> Pai, eu aprendi, na Tua Palavra, que há inúmeras promessas para minha saúde. Tiago 5.15 diz que a oração feita com fé *cura o doente*, e eu oro com fé e tomo posse de cada uma de Tuas promessas. Tu és o Deus que faz milagres — o mesmo ontem, hoje e para sempre! Tu és o Médico dos médicos, és a própria ciência, e eu declaro cura sobre o meu físico, em nome de Jesus!

Jeremias 17.14 diz: "Sara-me, SENHOR, e sararei [...]". Crendo no que a Tua Palavra afirma, declaro, em nome de Jesus, que estou sarada e que essa enfermidade não será mais a causa de tantas dores e gastos.

Eu repreendo agora, em nome de Jesus, todo espírito de enfermidade da minha casa e da minha vida! Acabou, em nome de Jesus, amém!

Declarações

- Em nome de Jesus, eu estou curada!
- Tenho forças em Deus para viver esse processo de cura, sabendo que sou mais que vencedora em Cristo Jesus (cf. Romanos 8.37).
- Creio que essa enfermidade se transformará em um testemunho.
- Por meio do milagre que ocorrerá em minha vida, outras pessoas serão alcançadas!

Para ouvir

Creio que Tu és a cura - Gabriela Rocha[1]

[1] ROCHA, Gabriela. **Creio que Tu és a cura.** In: ROCHA, Gabriela. *Creio que Tu és a cura - Single.* Nova Lima: Onimusic, 2021. Disponível em: <https://www.youtube.com/watch?v=6TcAMUOU-VY>. Acesso em: 18 ago. 2025.

Atividade prática

Em um papel, escreva três versículos que falam sobre cura e saúde. Cole-os em um espelho, na geladeira ou em algum lugar visível. Leia esses versículos em voz alta todos os dias e declare: "Isso é verdade sobre mim". Além disso, durante a semana, ore especificamente por outras pessoas que também estão enfrentando doenças, como um ato de fé e semeadura de cura.

Dia 31

DEBAIXO DO PODER DO ALTO

Mas recebereis poder, ao descer sobre vós o Espírito Santo, e sereis minhas testemunhas tanto em Jerusalém como em toda a Judeia e Samaria e até aos confins da terra.

• Atos 1.8 (ARA) •

Sejamos honestas, quem não gosta de poder? Talvez, só quem não sabe qual é o seu significado. Vejamos o que o Dicionário Michaelis diz: "Força física ou moral; vigor, potência. Autorização, permissão, licença. Capacidade, aptidão, perícia; qualidade de quem pode realizar algo. Supremacia, domínio". Então, eu pergunto novamente: quem não quer poder? Quem não gosta ou não precisa dele?

Acredito que a negativa a essas perguntas só podem vir de alguém que não tem sonhos e anseios em sua vida. Não foi à toa que Jesus disse aos Seus discípulos: "E eis que sobre vós envio a promessa de meu Pai; ficai, porém, na cidade de Jerusalém, até que do alto sejais revestidos de *poder*" (Lucas 24.49). Ou seja, eles seriam revestidos de capacidade para ser, fazer e ter. Em Atos 1.8,

Cristo também afirma que, com poder, os discípulos seriam Suas testemunhas em toda a Judeia e Samaria, e até os confins da Terra.

Veja, Jesus não quer que Seus discípulos O representem sem poder. Mais do que isso, Ele está ensinando que, para sermos Suas testemunhas, precisamos do Seu Espírito, pois o Espírito Santo é quem empodera, capacita e evidencia as maravilhas do Alto.

Logo, como um cristão anda por aí sem poder? Não somos representantes de uma "marca", somos testemunhas de um acontecimento extraordinário! Não somos consumidores de um "produto", somos instrumentos vivos da experiência! Por isso, *os cristãos têm de buscar o poder de Deus.* Não podemos nos conformar com uma vida sem isso.

Um cristão precisa crer no poder do Espírito Santo de Deus, buscá-lo, pregar por meio dele, orar com a ajuda dele, exercer os dons que recebeu e expulsar demônios na autoridade do poder do nome de Jesus. *Precisamos ser pessoas que vivem debaixo do poder do Alto*!

Nossa vida deve testemunhar que Deus é amor, que Cristo é salvação, e que o Espírito Santo é *poder*. Por nosso intermédio, esse poder é capaz de proporcionar experiências sobrenaturais que vão além do que as palavras podem descrever. Então, se você entende e deseja isso em sua vida, ore fervorosamente comigo e, se possível, faça esta oração em voz alta.

Oração

> Espírito Santo de Deus, em nome de Jesus, eu clamo a Ti neste momento: ajuda-me. Anseio por Tua presença e imploro que me escutes por Tua bondade e graça, que nunca falham. Eu não sei orar como convém, por isso peço que Teu Espírito interceda por mim com gemidos inexprimíveis.

Tem misericórdia de mim, pois não posso viver sem conhecer e sem exercer o Teu poder, que em nós opera. Desejo ser usada por Ti como um instrumento leve e de fácil manuseio. Preciso ser revestida de autoridade para manifestar o Teu poder por onde eu passar e nos lugares em que quiseres me usar, Pai.

Santifica-me para Ti, limpa-me para ser tocada e conduzida pelas Tuas mãos, e não pelo meu querer. Passa em revista o meu interior, tira de mim a vaidade e coloca em meu coração a humildade do servir. Eu não quero performance; desejo o poder do Alto, que vem do Senhor. Eu não quero o enaltecimento dos dons, mas o poder manifestado por meio dos frutos.

Pai, em nome de Jesus, não me deixes ser vazia de Ti, da Tua graça, da Tua presença, do Teu poder. Livra-me da desgraça de dizer que carrego o Teu nome sem ter, de fato, a Tua autoridade. Livra-me da religiosidade, do conhecimento sem o poder do Espírito e da aparência sem essência. Não quero caminhar sem o Espírito que vivifica!

Eu sei que há poder no nome de Jesus! Reveste-me de força, de graça e de autoridade. Ensina-me a amar as disciplinas espirituais que me aproximam de Ti: o jejum, o propósito, a oração e a consagração. Por favor, Pai, não me deixes desistir. Esmaga o meu eu e levanta-me com a força, com o poder e com a autoridade do Teu Espírito Santo, em nome de Jesus!

Derrama esse poder sobre minha identidade e sobre minhas ações, para que o Teu nome seja glorificado. Este é o meu clamor: aviva a Tua obra em mim e, ao longo dos anos, que ela seja evidenciada. Esvazia-me de mim e me enche do poder do Espírito Santo. Em nome de Jesus, amém!

Declarações

- Viverei debaixo do poder do Alto.
- Buscarei pelo poder de Deus.
- Eu serei a prova viva de que o Senhor é capaz de realizar o impossível.
- Há poder no nome de Jesus!

Para ouvir

Enche-me - Isaías Saad & Gabriela Rocha[1]

Atividade prática

Leia Atos 1—2 e reflita sobre a Igreja primitiva. Observe como as Escrituras destacam o poder de Deus agindo de forma viva e transformadora por meio dos apóstolos. Esse mesmo poder continua disponível hoje e pode operar em sua vida também!

[1] SAAD, Isaias; ROCHA, Gabriela. **Enche-me**. In: SAAD, Isaias; ROCHA, Gabriela. *Enche-me - Single*. Nova Lima: Onimusic, 2019. Disponível em: https://www.youtube.com/watch?v=ozBlvwVizXI. Acesso em: 18 ago. 2025.

Dia 32

AMPLIANDO FRONTEIRAS

Jabez invocou o Deus de Israel, dizendo: "Oh! Quem dera me abençoasses e expandisses o meu território! Que a tua mão esteja comigo! Preserva-me do mal, para que não me sobrevenha aflição!". E Deus lhe concedeu o que ele tinha pedido.

• 1Crônicas 4.10 (NAA) •

A história de Jabez é contada em apenas dois versículos da Bíblia, mas contém um ensinamento poderoso: Deus responde orações ousadas e cheias de fé. Às vezes, temos receio de fazer grandes pedidos ao Senhor, talvez porque nos sintamos indignas, mas a verdade é que Deus é um bom Pai que dá bons presentes aos Seus filhos (cf. Mateus 7.11).

Quando Jabez diz: "Quem dera me abençoasses e expandisses o meu território!"; está demonstrando, diante da presença de Deus, o seu desejo de crescer, impactar pessoas e sair da zona de conforto. É possível que o Pai já tenha depositado esse mesmo anseio em seu coração e, talvez, seja o tempo de ampliar suas fronteiras na vida profissional, em sua família ou no seu ministério. Pode ser que o Senhor esteja direcionando você para um novo emprego, uma nova nação ou para um chamado específico, mas é preciso agir com fé para alcançar a promessa que já nos foi entregue.

Neste dia, vamos clamar a Deus pela ampliação do nosso território e pelo cumprimento dos sonhos de mudança e expansão na vida. Que você tenha fé e coragem para romper barreiras e avançar no propósito que Deus colocou em seu coração. Lembre-se de que a mão do Senhor está com você, e, assim como Ele respondeu a Jabez, também responde às nossas orações hoje. Você não está limitada pelo seu passado, história ou origem. Deus pode fazer coisas extraordinárias por meio de pessoas comuns que oram com ousadia e fé

Oração

Pai, em nome de Jesus, eu Te peço que amplies meu lugar de atuação e que abras as portas para o sonho que pulsa em meu coração. Senhor, a Tua Palavra diz que Jabez pediu para que Tu ampliasses seu território, e eu hoje também clamo por isso. Sei que não é loucura, mas sim um desejo legítimo de migrar para um lugar onde eu possa cumprir o propósito que Tu mesmo colocaste em mim.

Deus das nações, as bandeiras Te pertencem, as línguas são Tuas. És o Deus de Ester, de José, o Deus do estrangeiro. Clamo a Ti com fé e ousadia, confiando na Tua promessa. Cristo tem as nações por herança, como está escrito em Salmos 2.8. Creio que Tu és Rei sobre as nações e podes me levar para onde quiseres, de acordo com a Tua vontade. Eu declaro que minhas fronteiras

"A oração traz o *Céu* à Terra, e **materializa** o que Deus já *designou.*"

serão ampliadas e que romperei com tudo o que me segura e limita, porque sei que tens um tempo hábil e favorável para a minha vida. Tu me colocarás lá, e aquele povo verá a Tua mão sobre mim!

Eu já me vejo neste novo tempo, caminhando em vitória, em nome de Jesus. Amém!

Declarações

- O desejo do meu coração, de pisar em outra nação, acontecerá em nome de Jesus.
- Assim como Deus ampliou o território de Jabez, Ele ampliará o meu também.
- O Senhor está abrindo portas que ninguém pode fechar.
- Romperei com todo medo e limitação que me prendem.
- As nações me pertencem, pois Deus prometeu e cumprirá em minha vida.
- Estou preparada para assumir o propósito e as responsabilidades desse novo tempo.

Para ouvir

Eu vou - Fernanda Brum[1]

[1] BRUM, Fernanda. **Eu vou (África)**. In: BRUM, Fernanda. *Profetizando às nações*. São Paulo: MK Music, 2015. Disponível em: <https://www.youtube.com/watch?v=F9eODbymlj8>. Acesso em: 18 ago. 2025.

Atividade prática

Nesta semana, reserve um tempo para escrever uma carta para você mesma sobre o sonho que Deus colocou no seu coração de ampliar seu território — seja na vida profissional, emocional, espiritual ou física. Descreva, com detalhes, como imagina que será esta nova fase, como você se sentirá e o que fará para dar passos concretos rumo a essa conquista.

Guarde essa carta em um lugar especial e, a cada dia, releia com fé, lembrando-se da promessa de Deus e do compromisso que você está assumindo com Ele.

Em Tiago 5.16, está escrito: "[...] a oração feita por um justo pode muito em seus efeitos". Com o Espírito Santo, eu aprendi que, quando o justo ora, Deus atende, porque o justo não ora o que quer, mas busca a vontade do Senhor. É isso que torna uma oração poderosa e eficaz.

Não só creio como vivo sobre esta palavra desde a minha infância, quando tive uma experiência profunda e real com Deus por meio de uma oração. Pedi a Deus por uma direção, e Ele me respondeu imediatamente e claramente em Sua Palavra. Desde então, experimento do poder da oração não para usá-la como um escape em tempos de urgência, ou apenas como um meio para obter respostas; ela é o oxigênio da alma, a arma mais poderosa e infalível dos filhos de Deus, e o mais poderoso recurso para disciplinar o corpo, a mente e o espírito.

Sim, a oração é o combustível que mantém o nosso coração centrado em Deus e o espírito pronto para atender todo comando que o Pai ordenar. Não há um justo que, quando ora, não esteja interessado em ouvir exatamente o que o Pai tem a dizer. Isso não significa que a oração substitui a Palavra de Deus. Na verdade, ela simplesmente potencializa o que Deus já comunicou a nós por meio das Escrituras.

Sem a oração, somos governados pelos desejos humanos e corremos o risco de nos distanciar do Senhor. Ela mantém a fé viva, o ouvido atento à voz de Deus, e o espírito pronto para a direção adequada no tempo necessário. Experimente orar dessa forma e você verá o que essa disciplina do secreto pode realizar no mundo espiritual e físico. Pois é a oração que materializa o que Deus já designou nas regiões celestiais.

Pastora Rachel Malafaia

Assembleia de Deus Vitória em Cristo (ADVEC)

RAQUEL LIMA
MIDIAN LIMA
GABRIELA LOPES
CAMILA BARROS

Vencendo a frieza espiritual

"*Orar* é buscar a *resposta* certa no lugar **certo.**"

Dia 33

QUEBRANDO O GELO

E, por se multiplicar
a iniquidade, o amor
de muitos se esfriará.
Mas aquele que perseverar
até ao fim será salvo.

• Mateus 24.12-13 •

Nestes dias, é perceptível como temos dificuldade de manter um coração cheio do amor de Deus e de amar verdadeiramente as pessoas que nos cercam. Muitas vezes, não conseguimos demonstrar esse amor até para os da nossa família. Não deveria ser assim, por isso é importante que sejamos capazes de perceber quando o amor está se esfriando dentro de nós. Se admitirmos nossa falha por meio da oração, permitiremos que Deus coloque nosso coração na fornalha acesa e incandescente do Seu amor.

Em 1João 4.7-8, lemos: "Amados, amemo-nos uns aos outros, porque o amor é de Deus; e qualquer que ama é nascido de Deus e conhece a Deus. Aquele que não ama não conhece a Deus, porque *Deus é amor*". Portanto, Deus é a fonte que devemos buscar quando percebemos que o amor está se esfriando ou se tornando inexistente em nosso interior.

Mais adiante na carta de João, no verso 11, lemos: “Amados, se Deus assim nos amou, também nós *devemos* amar uns aos outros”. Perceba como essa afirmação é forte: sim, devemos amar, pois isso é um mandamento. Veja o que Jesus disse em resposta a um mestre da Lei, em Mateus 22.36-39: “Mestre, qual é o grande mandamento da lei? E Jesus disse-lhe: Amarás o Senhor, teu Deus, de todo o teu coração, e de toda a tua alma, e de todo o teu pensamento. Este é o primeiro e grande mandamento. E o segundo, semelhante a este, é: Amarás o teu próximo como a ti mesmo”.

Não é sobre gostar, mas sobre obedecer! E sempre que a nossa natureza humana é incapaz de obedecer, precisamos nos revestir de oração para que o poder de Deus se manifeste em nossas áreas carentes e fracas. Então, hoje, clamaremos para que o Pai nos inunde de amor pelo próximo. Não queremos ser como os iníquos, que caminham como se não tivessem do que se arrepender, e não podemos permitir que nossa mente se cauterize, tornando-nos insensíveis às pessoas ao nosso redor. Precisamos da ajuda d'Aquele que é *amor*!

Devemos amar todos: nosso marido, filhos, familiares, irmãos da igreja, vizinhos, colegas de trabalho e até os desconhecidos que passam por nós. Nisto é conhecido que o amor do Pai está em nós: quando amamos uns aos outros (cf. João 13.35). Precisamos amar, não apenas com palavras, mas de maneira genuína, por meio de atitudes e da nossa conduta! Esse é o *dever* de todo cristão.

Oração

> Pai, em nome de Jesus, venho implorar a Tua ajuda por meio do Teu forte e poderoso amor. Ninguém ama como o Senhor,

"Que minha mente não seja *insensível* quanto às pessoas ao meu **redor.**"

porque Tu és amor; logo, também ninguém é capaz de ensinar a amar como Tu. Por isso, eu Te suplico: coloca amor em meu coração e me faz amar conforme a Tua Palavra me orienta.

Eu preciso ser cheia do amor sofredor, o amor que perdoa, que é paciente, que se compadece, que não se ensoberbece, não busca os próprios interesses, não se irrita, não suspeita mal; o amor que tudo sofre, tudo crê, tudo espera, tudo suporta.

Eu não quero ser fria ou dura como um metal que retine, que reage com o som da resistência de quem nunca pode ser tocado por dentro, de tão duro que é por fora. Por favor, Espírito Santo de Deus, em nome de Jesus, livra-me de mim mesma e de todo egoísmo mascarado de falso amor, um sentimento que penso ser verdadeiro, mas que serve apenas para atender aos meus próprios interesses.

Sacode-me por dentro e me enche do Teu amor de tal forma que eu o use sem depender do meu, que é falho, interesseiro e insuficiente. Esvazia-me de mim e me enche de Ti e do Teu tão grande amor. Preenche todos os meus vazios, até que eu transborde de Ti, meu Senhor, por favor. Vem ao meu encontro, ao meu entendimento e ao meu coração com Teu amor. E, assim, meus lábios e minha língua falarão dele, e minhas mãos servirão ao meu próximo por intermédio dele.

Eu creio no poder do Teu amor. Sei que ele pode perdoar, ajudar, sustentar, carregar. Ele é forte como a maior montanha, mas é leve como a melhor brisa. Ajuda-me a carregar essa força e leveza, ajuda-me a sofrer por amor sem temer. Por favor, ouve a minha oração e me prepara para as oportunidades que, a partir de hoje, Tu criarás com o fim de promover o Teu amor.

Peço-Te, ainda: repreende, em nome de Jesus, a frieza do meu coração. Abala as certezas do meu ego, fazendo tremer o meu ser de temor e amor pelo Senhor. Eu abro o meu coração e a minha mente diante do Senhor, e Te peço: acessa tudo, até o mais profundo do meu ser! Entra, arranca o que não Te agrada e enraíza em mim os Teus ensinamentos para que eu aprenda a amar como o Senhor mandou. Recebe, meu Deus, a minha oração, por favor. Em nome do Teu Filho Jesus, amém.

Declarações

- Escolho amar, não por sentimentos, mas por obediência à Palavra de Deus.
- O Espírito Santo me enche com o verdadeiro amor de Deus.
- Eu me esvazio de mim mesma para ser cheia do amor que vem do Pai.
- Rejeito a frieza do coração e clamo para que o amor de Deus me transforme por completo.

Para ouvir

És o amor - Gabriela Rocha[1]

[1] ROCHA, Gabriela. **És o Amor (Ao Vivo)**. In: ROCHA, Gabriela. *És o Amor (Ao Vivo) - Single*. São Paulo: Gabriela Rocha, 2018. Disponível em: <https://www.youtube.com/watch?v=T3ik8udmX6M&list=RDT3ik8udmX6M&start_radio=1>. Acesso em: 18 ago. 2025.

Atividade prática

Separe um momento do seu dia para orar especificamente por alguém com quem você tem dificuldade de se relacionar ou amar genuinamente. Peça a Deus para enchê-la com o amor d'Ele por essa pessoa. Depois da oração, pense em uma atitude concreta que possa demonstrar esse amor: uma mensagem de encorajamento, um pedido de perdão, um gesto de serviço ou simplesmente ouvir com atenção. Comprometa-se a tomar uma atitude de fé e amor, capacitada pelo Espírito Santo, ainda esta semana.

Dia 34
FRIEZA ESPIRITUAL

Tenho, porém, contra ti
que deixaste o teu primeiro amor.
Lembra-te, pois, de onde caíste,
e arrepende-te, e pratica
as primeiras obras (...).

• Apocalipse 2.4-5 •

Essa exortação foi direcionada à igreja de Éfeso, elogiada pelas suas boas obras, trabalho árduo, perseverança e zelo. Porém, ela havia perdido a essência do seu serviço: o amor a Cristo. É por isso que essa passagem fala ao coração de muitos cristãos ainda hoje. A maioria de nós consegue se lembrar de seus primeiros encontros com Jesus, marcados pelo coração quebrantando, pela fome, devoção e paixão intensas. Mas, infelizmente, é comum vermos que alguns cristãos já não carregam mais a mesma chama que tinham no início.

Pode ser que você esteja se sentindo distante de Deus, já não consegue orar com profundidade nem sente vontade de estudar a Palavra como antigamente. Essa frieza espiritual não acontece do dia para a noite, mas é ocasionada por pequenas negligências diárias. Quando deixamos que as distrações, o cansaço e as muitas tarefas nos distanciem do Senhor, corremos o risco de abandonar o primeiro amor e de nos tornarmos insensíveis ao Espírito Santo de Deus.

Frequentar a igreja aos domingos, servir nos ministérios, orar e ler a Bíblia todos os dias pode não ser o suficiente para mantermos um relacionamento íntimo com o Senhor. Se fizermos tudo isso sem amor por Jesus, alcançaremos apenas uma vida de aparências e religiosidade.

Mas há uma esperança para essa apatia: "Lembra-te, pois, de onde caíste, e arrepende-te, e pratica as primeiras obras". O Pai não resiste a um coração contrito e quebrantado, e está de braços abertos para receber você de volta à Sua presença. Hoje, vamos clamar a Deus para que a chama do Espírito Santo aqueça mais uma vez o seu coração. Feche os olhos por um momento, coloque a mão sobre o coração e diga: "Deus, aquece minha alma novamente!".

Oração

> Pai, humildemente eu me coloco diante da Tua presença e peço pela Tua misericórdia. Eu me sinto fraca, indiferente e vazia. As orações, que antes fluíam, agora mal saem dos meus lábios. Confesso que negligenciei o meu relacionamento com o Senhor e, por isso, sinto que a alegria e a chama do primeiro amor estão se apagando em meu coração.
>
> Não quero continuar dessa forma! Há tempos que não sei mais o que é ter momentos Contigo. Eu me permito ser vencida pelo cansaço e pelos muitos afazeres, e Tua presença deixou de ser prioridade em mim. Por isso, eu clamo: tem misericórdia da minha alma neste momento! Como posso permanecer assim se Tu és tudo em mim? Como posso viver como se Tua presença

não fosse o bem mais precioso que tenho? Deus, tira essa indiferença do meu coração!

Em nome de Jesus, eu peço: reacende em mim a chama do primeiro amor. Eu não quero viver uma fé morna, sem paixão pela Tua presença. Eu *não aceito mais* esse estado em que me encontro.

Espírito Santo de Deus, vem sobre mim com o Teu fogo! Resgata-me e me chama pelo nome outra vez. Faz-me ouvir Tua voz como antes, eu Te suplico agora, meu Pai. Eu quero Te sentir intensamente outra vez, então quebranta o meu coração.

O Senhor mesmo disse pela boca do profeta Isaías: "Porque derramarei água sobre o sedento e rios, sobre a terra seca [...]" (Isaías 44.3). Senhor, eu sou essa terra seca, por isso peço: derrama sobre mim a Tua água viva e inunda meu coração novamente!

Eu Te suplico e clamo pela Tua ajuda, porque sei quão desesperador é não caminhar com o Senhor. Por favor, que Tu me chames para fora deste túmulo chamado frieza espiritual!

Sei que és misericordioso. Mesmo que eu tenha me distanciado de Ti, ainda insistes em mim. Hoje, quero correr para os Teus braços e lembrar a mim mesma: *não posso nada sem Ti e não sou ninguém sem a Tua presença*!

Pai, em nome de Jesus, restaura o que se apagou. Eu entreguei minha vida ao Deus compassivo, Aquele que não rejeita quem volta com o coração sincero. Toca meu interior, limpa os entulhos, remove a apatia espiritual. Reacende o altar da minha alma! Eu oro por meio do nome que me chama de volta, o nome que acende a chama outra vez, o nome de Jesus. Amém!

Declarações

- Não posso nada sem o Senhor.
- Eu rejeito toda a apatia e frieza espiritual, em nome de Jesus.
- Deus quer reacender a chama em meu coração.
- Minha alma será incendiada pela presença de Deus novamente.
- Minha intimidade com o Pai é prioridade.

Para ouvir

Tu és + Águas purificadoras – FHOP Music[1]

Atividade prática

Ao longo desta semana, organize sua rotina com intencionalidade e se esforce para reservar, logo no início de cada dia, um tempo especial a sós com o Senhor. Antes de qualquer outra atividade, busque a presença do Pai em oração e na Palavra. Faça desse momento a sua prioridade diária, reconhecendo que é a comunhão com Deus que trará direção, paz e força para tudo o que vier depois.

[1] FHOP MUSIC. **Tu és + Águas Purificadoras (Ao vivo)**. In: FHOP MUSIC. *A Boa parte (Ao vivo)*. Florianópolis: Fhop Music, 2024. Disponível em: <https://www.youtube.com/watch?v=YXnQ02HYB1w&list=RDYXnQ02HYB1w&start_radio=1>. Acesso em: 18 ago. 2025.

Dia 35

QUERO-TE DE VOLTA

Lava-me completamente da minha iniquidade e purifica-me do meu pecado.

• Salmos 51:2 •

Neste salmo, Davi clama pela purificação da qual tanto precisava, pois sentia que estava prestes a perder a maior bênção que uma pessoa pode ter: a presença de Deus em sua vida. Então, já arrependido de toda transgressão que cometeu, ele inicia a sua busca pela misericórdia de Deus, conforme está escrito: "O que encobre as suas transgressões nunca prosperará; mas o que as confessa e deixa alcançará misericórdia" (Provérbios 28.13).

Mediante a confissão dos seus pecados, Davi pede com fervor não só pelo seu completo perdão, mas também pela sua pureza. Através do seu processo de restauração e comprometimento, ele ansiava sentir a presença do Pai novamente em seu interior.

Talvez você se sinta como Davi, e eu creio que o Senhor pode falar com você por meio deste devocional. Saiba que ainda existe esperança, não acabou e não é o fim para você. O Pai também deseja a sua presença de volta, totalmente rendida a Ele, em santidade e pureza.

Se você quer se sentir encharcada pela presença de Deus novamente em seus dias, saiba que a confissão é o caminho que, em nome de Jesus, aproxima você do Pai e da Sua doce e maravilhosa presença, evidenciada em nós por meio da pessoa bendita do Espírito Santo de Deus!

Nós vamos orar agora ao Deus Pai, em nome do Filho Jesus, para que o Espírito Santo purifique, santifique e encha você da Sua santa presença.

Atividade prática

Mas, antes, se puder, pegue uma Bíblia agora mesmo e leia todo o salmo 51. Tenho certeza de que isso ajudará e inspirará você a orar com o devido fervor que essa busca pede.

Oração

Senhor, Deus e Pai, em nome de Jesus, Teu santo Filho e meu Salvador, achego-me a Ti com temor e tremor, certa de que não sou digna, arrependida dos meus pecados e esmagada pela consequência deles. Porém, sei também que nenhum dos meus erros me faz sofrer mais do que a saudade da Tua presença se movendo dentro de mim.

Que saudade! Eu preciso de Ti, não posso viver sem Ti e não me vejo sem o Senhor! Tu és a alegria dos meus dias, a paz do meu interior, o calor e a luz nos lugares tenebrosos e sombrios da minha alma nos dias maus; és a minha vida, és tudo de bom em mim e no que fazem para mim.

Preciso de Ti mais do que a criança que mama precisa do colo de sua mãe; preciso de Ti mais do que os pássaros precisam de suas asas para voar; preciso de Ti mais do que os meus pulmões precisam de oxigênio para se inflarem e me darem fôlego;

preciso de Ti mais do que qualquer outra vida que alguém possa me oferecer, pois a minha vida é o Senhor!

Tem misericórdia de mim e me limpa de todo mal que cometi, que pensei e até dos pecados que ainda estão ocultos em meu coração, mas que o Senhor é capaz de enxergar. Por favor, limpa-me, lava-me, purifica-me, em nome de Jesus. Santifica-me pelo sangue de Jesus! Traz-me o alívio que só a Tua presença pode me restituir, e a paz que só a Tua purificação pode me dar.

Por favor, Senhor, tem misericórdia de mim, restaura-me na Tua presença e me enche do Teu Espírito Santo. Em nome de Jesus, amém.

Declarações

- A graça de Deus é suficiente para me purificar e santificar.
- Só em Deus encontro vida.
- O Pai me quer de volta!
- Creio que, pelo sangue de Jesus, estou sendo lavada, santificada e cheia do Espírito Santo novamente.

Para ouvir

Nada mais - Gabriel Guedes[1]

[1] GUEDES, Gabriel. **Nada Mais**. In: GUEDES, Gabriel. *Nada mais - Single*. São Paulo: Gabriel Guedes, 2019. Disponível em: <https://www.youtube.com/watch?v=OUyLQ4LwEBE&list=RDOUyLQ4LwEBE&start_radio=1>. Acesso em: 18 ago. 2025.

"A confissão é o **caminho** para que a *presença* de Deus volte a inundar sua *vida*."

Dia 36

ABRA OS SEUS OLHOS!

E orou Eliseu e disse: SENHOR, peço-te que lhe abras os olhos, para que veja. E o SENHOR abriu os olhos do moço, e viu; e eis que o monte estava cheio de cavalos e carros de fogo, em redor de Eliseu.

2Reis 6.17

No capítulo seis de 2Reis, a partir do verso oito, a Bíblia conta como o profeta Eliseu se deixou ser conduzido pelo Senhor para impedir o ataque do rei da Síria contra o povo de Deus.

Eliseu previa os planos do inimigo e os revelava ao rei de Israel, para que seu exército pudesse se antecipar. Confuso, o rei da Síria perguntou aos seus servos: "[...] Não me fareis saber quem dos nossos é pelo rei de Israel? Respondeu um dos seus servos: Ninguém, ó rei, meu senhor; mas o profeta Eliseu, que está em Israel, faz saber ao rei de Israel as palavras que falas na tua câmara de dormir" (2Reis 6.11-12, ARA).

A Bíblia nos diz que o Senhor revela segredos aos Seus amigos: "O segredo do SENHOR é para os que o temem; e ele lhes fará saber o seu concerto" (Salmos 25.14). É por isso que Eliseu sabia o que o rei da Síria estava planejando: ele era íntimo de Deus. Ou seja, quanto mais nos aproximamos do Pai, mais nos tornamos sensíveis ao Seu direcionamento e aprendemos a usar nossos sentidos espirituais para ouvir e enxergar além da capacidade humana.

Assim aconteceu quando o rei da Síria, furioso, decidiu atacar Eliseu e seus servos. Apesar da ameaça iminente, o profeta não se assustou e disse: "[...] mais são os que estão conosco do que os que estão com eles" (2Reis 6.16). Então, orou e pediu que Deus abrisse os olhos de seu servo: "[...] O SENHOR abriu os olhos do moço, e ele viu que o monte estava cheio de cavalos e carros de fogo, em redor de Eliseu" (2Reis 6.17). Hoje, nós também temos acesso ao poder sobrenatural do Pai e, se pedirmos, Ele pode abrir nossos olhos e ouvidos.

Talvez você esteja se sentindo cega espiritualmente e não consegue mais perceber com clareza a direção de Deus, como se a sua sensibilidade espiritual estivesse adormecida. Às vezes, cansamos de andar no escuro, tentamos ouvir a voz do Senhor, mas não somos capazes de discerni-la. Por isso, hoje, como fez Eliseu, vamos orar para que Ele abra nossos olhos espirituais.

Oração

> Pai, coloco diante de Ti o bloqueio espiritual que tenho sentido. Deus, eu não quero mais viver cega, andando por caminhos incertos, sem direção ou clareza. Preciso da Tua luz! Preciso enxergar com os Teus olhos, discernir com o Teu Espírito e viver com a perspectiva do Alto.
>
> Pai, em nome de Jesus, eu clamo: abre os meus olhos espirituais! Quero ver o que o Senhor está fazendo, mesmo quando

meus olhos naturais não enxergam nada mudando. Quero sentir Tua presença, ouvir Tua voz com nitidez, perceber o mover do Teu Espírito em mim e ao meu redor.

Tu me deixaste a certeza de que serei ouvida, pois Tua Palavra diz: "Clama a mim, e responder-te-ei e anunciar-te-ei coisas grandes e firmes, que não sabes" (Jeremias 33.3). Então eu peço, em nome de Jesus, revela-me o que os meus olhos não estão vendo. Mostra-me o caminho certo e me dá sensibilidade para entender o que o Senhor está falando.

Pai, há dias em que me sinto confusa e só consigo enxergar problemas, limitações e frustrações. Mas, hoje, em nome de Jesus, eu oro porque creio no Teu poder. Sei que o Senhor pode abrir meus olhos como abriu os do servo de Eliseu, para que ele visse os cavalos de fogo ao redor. Eu também quero enxergar além da luta, além do natural, além da minha dor.

Tu és o Deus que não esconde Teus planos dos Teus filhos. Tua Palavra diz: "[...] As coisas que o olho não viu, e o ouvido não ouviu, e não subiram ao coração do homem são as que Deus preparou para os que o amam. Mas Deus no-las revelou pelo seu Espírito [...]" (1Coríntios 2.9-10). Então eu peço: revela-me, Senhor! Sopra Teu Espírito sobre mim e tira as escamas dos meus olhos!

Sei que o Inimigo quer me manter distraída, cansada e cega. Mas eu me levanto agora, em fé, em autoridade, e declaro: sou filha de Deus, tenho acesso à Tua presença e serei guiada pelo Teu Espírito Santo! Tu és o Deus da revelação, da visão clara, do discernimento que livra, guia e transforma. Eu confio em Ti!

Pai, em nome de Jesus, que toda névoa espiritual se dissipe agora. Que toda confusão dê lugar à paz. Que toda cegueira caia

> por terra, e que meus olhos sejam abertos para Te ver, ouvir e perceber com clareza. Eu oro com fé, por meio do nome que está acima de todo nome: o nome de Jesus. Amém!

Declarações

- Meus olhos estão sendo abertos, em nome de Jesus!
- Nenhuma cegueira espiritual permanecerá em mim.
- Terei discernimento, direção e sensibilidade espiritual.
- Serei guiada pelo Espírito e não pelos meus sentimentos!

Para ouvir

Eu vou orar - Nair Nany[1]

Atividade prática

Leia 2Reis 6.8-23 e perceba como a mão de Deus opera no mundo espiritual de maneiras extraordinárias.

[1] NANY, Nair. **Eu vou orar (Ao vivo)**. In: NANY, Nair. *Eu vou orar (Ao vivo)* - EP. [s.l.]: Nair Nany, 2025. Disponível em: <https://www.youtube.com/watch?v=RZvX-C-q9Qo&list=RDRZvX-C-q9Qo&start_radio=1>. Acesso em: 18 ago. 2025.

RAQUEL LIMA
MIDIAN LIMA
GABRIELA LOPES
CAMILA BARROS

Superando o passado

“Quando *oramos juntas,* a Terra treme.”

Dia 37

O PODER DO PERDÃO

Se confessarmos os nossos pecados, ele é fiel e justo para nos perdoar os pecados e nos purificar de toda injustiça.

• 1João 1.9 •

O perdão é um dos atos mais poderosos que podemos viver em Deus. É libertador, restaurador e essencial para que avancemos em paz. No entanto, muitas vezes, carregamos culpas antigas que nos impedem de viver o presente com liberdade. Elas abrem brechas para ataques e acusações do Inimigo em nossa mente e coração, o que pode nos afastar da presença do Pai.

É por isso que precisamos nos apegar às verdades escritas na Palavra de Deus e usá-las para combater todas as mentiras que Satanás usa para atacar a nossa alma. A Bíblia é clara: o sangue de Jesus é poderoso para nos perdoar e purificar de todo pecado, injustiça e imoralidade. Por meio do sacrifício de Cristo, somos justificadas e recebemos a identidade de filhas de Deus. Essa poderosa verdade deve estar enraizada em nosso coração e precisa ser relembrada constantemente em nossa caminhada com o Senhor.

Além disso, não podemos deixar de praticar uma poderosa instrução presente nas Escrituras: a confissão de pecados. Humilhar-se diante da presença de Deus e confessar o que ainda aprisiona você é o primeiro passo para ser livre da culpa e tomar posse do perdão que o Pai já lhe oferece. Além disso, é essencial termos ao nosso lado pessoas de confiança com quem podemos ser vulneráveis. Em Tiago 5.16, lemos: "Confessai as vossas culpas uns aos outros e orai uns pelos outros, para que sareis; a oração feita por um justo pode muito em seus efeitos".

Lembre-se: você não está sozinha. A presença de Deus é poderosa, e Sua graça é abundante, capaz de nos livrar das prisões do passado que ainda nos assombram. Ele também colocará pessoas em seu caminho que a ajudarão a passar por esse processo de libertação, então abra o seu coração e decida caminhar com seus irmãos na fé.

Hoje, apresentaremos ao Pai um clamor por cura interior e por uma nova consciência da graça de Deus. Que esta oração seja o pontapé inicial para sua jornada de libertação, a fim de que você desfrute da vida abundante que somente Jesus é capaz de nos oferecer!

Oração

> Pai, eu Te peço perdão! Ao longo da minha vida, reconheço que fraquejei e caí. Cometi erros que me causam dores, más lembranças e até prisões. Sinto, Pai, que não consigo avançar em algumas áreas porque ainda não me libertei dessas cadeias.
>
> Mas a Tua Palavra diz que o Teu jugo é suave e o Teu fardo é leve. Então, eu Te peço: ajuda-me! Tem sido pesado conviver com

a culpa, pois, quando o desespero vem, não me sinto perdoada. Por isso, hoje, coloco-me diante de Ti e clamo: Pai, perdoa-me

por____________________, por____________________,

por ____________________, por ____________________.

Apesar de ser desafiador deixar para trás o peso de minhas falhas, Miqueias 7.19 diz que meus pecados foram lançados no mar do esquecimento. Sei que Tu, com graça e misericórdia, já lavaste meu coração por meio do sangue de Jesus derramado na cruz.

O Inimigo tem me julgado e afrontado por anos, mas Tu és poderoso para curar até as feridas mais profundas do meu coração e me livrar de toda acusação.

Pai, ajuda-me! Eu Te peço, em nome de Jesus. Amém!

Declarações

- Em nome de Jesus, não voltarei para o lugar de onde vim.
- Não darei espaço em minha mente para as acusações de Satanás.
- Recebo o perdão de Deus e, pela fé, sei que sou perdoada.
- Não me sinto mais acusada.
- Sou livre pelo sacrifício de Jesus na cruz.
- Não viverei debaixo de culpa.

Para ouvir

Eu me arrependo - **Eyshila**[1]

Atividade prática

Escreva, em uma folha de papel, tudo o que ainda gera culpa em seu coração. Depois, ore, entregue esses pontos nas mãos de Deus e afirme em voz alta que você foi perdoada. Por fim, rasgue ou queime esse papel como símbolo de que o passado não tem mais poder sobre você. Faça isso em um momento de intimidade com o Espírito Santo.

[1] EYSHILA. **Eu me arrependo (Ao Vivo)**. In: EYSHILA. *Quero aprender a orar (Ao vivo)*. São Paulo: MK Music, 2008. Disponível em: <https://www.youtube.com/watch?v=EM2YBWBGq-w&list=RDEM2YBWBGq-w&start_radio=1>. Acesso em: 18 ago. 2025.

Dia 38

ABANDONANDO A CULPA

Misericordioso e piedoso é o SENHOR; longânimo e grande em benignidade. Não repreenderá perpetuamente, nem para sempre conservará a sua ira. Não nos tratou segundo os nossos pecados, nem nos retribuiu segundo as nossas iniquidades. Pois quanto o céu está elevado acima da terra, assim é grande a sua misericórdia para com os que o temem. Quanto está longe o Oriente do Ocidente, assim afasta de nós as nossas transgressões. Como um pai se compadece de seus filhos, assim o SENHOR se compadece daqueles que o temem.

• Salmos 103.8-13 •

Sim, esse é o nosso Deus: misericordioso, paciente e abundante em graça. Hoje, quero lembrá-la do caráter d'Aquele que chama você de filha amada. Mesmo sabendo de todas as nossas falhas, pecados, pensamentos ruins e imperfeições, o Senhor se compadece de nós, porque Ele é um Pai de amor, infinito em Sua bondade.

Esta é a verdade poderosa que mudou o rumo da humanidade: Jesus Cristo morreu em nosso lugar para nos libertar do pecado e nos justificar por completo. Por meio de Seu sangue, somos capazes de nascer de novo e de nos tornarmos novas criaturas. Pela Cruz, somos lavadas de toda a iniquidade e podemos nos achegar a Deus com confiança, como está escrito em Hebreus 4.16: "Cheguemos, pois, com confiança ao trono da graça, para que possamos alcançar misericórdia e achar graça, a fim de sermos ajudados em tempo oportuno".

É por isso que, hoje, você pode ser livre de toda culpa e acusação que ainda tentam lhe aprisionar. A obra de Cristo foi consumada e nada pode nos afastar do amor de Deus. Então, vamos orar juntas para que todo o peso do pecado seja retirado de seus ombros, por intermédio do poder sobrenatural do Espírito Santo. Creia que Ele está com você neste instante, enquanto você lê esta página, e deseja curar as feridas que ainda doem em sua alma.

Você, que carrega um peso no coração por erros do passado, que vive se lembrando do que fez, do que falou, do que deixou de fazer; você, que se sente indigna, envergonhada e distante de Deus por causa de culpas que não consegue deixar para trás, ore comigo agora.

Oração

> Pai, Tu és o Deus que apaga meus pecados e reescreve minha história, por isso coloco diante de Ti essa culpa que tem me esmagado. Em nome de Jesus, clamo não só por perdão, mas também por libertação. Tenho vivido aprisionada pelas lembranças do que fiz, pelas palavras que falei, pelas escolhas erradas que me

afastaram do Teu propósito. E, às vezes, sinto que não sou digna de me achegar ao Senhor, pois Satanás tem amarrado minha mente num ciclo de culpa.

Mas sei que Tu és misericordioso e que me tratas conforme a Tua graça. Então, eu clamo, Senhor, em nome de Jesus, limpa-me por dentro. Faz-me acreditar de novo que sou perdoada. Eu tomo posse do sacrifício de Jesus, naquela cruz, pela minha vida e creio que o sangue de Cristo me lava de toda a culpa!

Os erros que cometi no passado não me definem, e sim a Palavra de Deus, que me chama de filha amada, resgatada, remida e perdoada pelo poder do nome de Jesus. Eu creio que, como o oriente está longe do ocidente, assim Tu afastas de nós as nossas transgressões. Tu não me vês mais como o que eu fui, mas como filha restaurada em Cristo!

Pai, ajuda-me a ter fé no que diz a Tua Palavra: "Portanto, agora, nenhuma condenação há para os que estão em Cristo Jesus [...]" (Romanos 8.1). Nenhuma condenação, acusação ou voz do passado me paralisará, porque o sangue de Jesus me cobriu!

Pai, em nome de Jesus, deixo essa culpa aos Teus pés, recebo o Teu perdão, creio na Cruz e abraço a Tua graça. Tu és o Deus que transforma condenados em perdoados, e pecadores em filhos. Por isso, descansarei no Teu amor. Eu oro por meio do nome que me justificou, lavou-me e me fez nova: o nome de Jesus. Amém!

Declarações

- Nenhuma culpa do passado tem poder sobre mim.
- Jesus Cristo me justificou!

- A Cruz cancelou toda a condenação sobre minha vida.
- Eu sou livre para viver na presença do Pai com alegria e paz, em nome de Jesus!

Para ouvir

Nada além do sangue

Isaias Saad, Fernandinho & Paula Santos[1]

Atividade prática

Leia o salmo 103 com calma, permitindo que cada versículo fale profundamente ao seu coração. Peça ao Espírito Santo que ministre cura e revelação por meio dessa passagem. Além disso, durante a leitura, permaneça com o coração aberto e sensível à voz de Deus.

[1] SAAD, Isaias; FERNANDINHO; SANTOS, Paula. **Nada além do sangue**. In: SAAD, Isaias; FERNANDINHO. *Nada além do sangue (feat. Paula Santos) [Ao vivo] - EP*. São Paulo: Onimusic, 2023. Disponível em: <https://www.youtube.com/watch?v=_nEBkb-iyN8&list=RD_nEBkb-iyN8&start_radio=1>. Acesso em: 18 ago. 2025.

Dia 39

REJEIÇÃO

Porque, se o meu pai e a minha mãe me abandonarem, o SENHOR me acolherá.

• Salmos 27.10 •

Muitas de nós experimentamos traumas terríveis ao longo da vida, que nos geram marcas difíceis de serem apagadas. Enquanto escrevo este devocional, não sei ao certo por quais dores você passou, as perdas que enfrentou, as duras palavras que ouviu ou o abandono que sofreu. Sou incapaz de mensurar o tamanho da sua dor e a sensação de rejeição que isso pode ter lhe causado.

Porém, existe uma verdade que posso lhe garantir: ainda existe esperança. As pessoas com quem convivemos são imperfeitas, limitadas e nos decepcionam porque isso faz parte da nossa humanidade falha. Mas há um Deus que é perfeito em todos os Seus caminhos, sempre bom, presente e disposto a nos encontrar todos os dias.

A Bíblia nos deixa a certeza inabalável de que, ainda que nossos pais nos abandonem, o Senhor nos acolherá. Independentemente das dores que marcaram a sua vida até aqui, o amor sobrenatural de Deus é mais do que suficiente para sarar a sua alma e oferecer a você uma nova identidade.

Com Cristo, somos filhas amadas do Rei, e isso não pode ser mudado. Deus nos ama sem pedir nada em troca e escolheu entregar Seu único Filho para nos livrar da prisão do pecado. Ele é o Deus que deixa as 99 ovelhas para encontrar a única que se perdeu (cf. Mateus 18.12-13). Seu amor nos atinge de maneira específica e individual, trazendo cura até para o que pensávamos que não poderia ser restaurado.

Você, que tem vivido com marcas de rejeição, talvez pelas palavras que ouviu na infância, por um abandono ou até por sempre se sentir invisível; você, que carrega dentro de si a dor de não se sentir suficiente, ore comigo agora. Que, neste dia, o Espírito Santo inunde a sua alma com o amor sobrenatural do Pai.

Oração

> Pai, exalto Teu nome neste momento, declaro a Tua grandeza e autoridade sobre toda a dor da rejeição. Em nome de Jesus, eu Te peço: entra nos lugares mais profundos da minha alma. Pai, há feridas aqui dentro que eu escondi por anos, palavras que me machucaram, olhares que me ignoraram, comparações que me diminuíram. E tudo isso construiu em mim a mentira de que não sou amada.
>
> Mas, hoje, eu venho a Ti, meu Pai, sem esconder mais nada, querendo ser totalmente livre desse sentimento que foi construído em mim. Em nome de Jesus, eu escolho crer na verdade do Teu amor, e não mais nas mentiras que me marcaram. Tu és o Deus que me viu ainda no ventre da minha mãe, o Deus que me chamou pelo nome, o Deus que nunca me rejeitou.
>
> Senhor, a rejeição dói como uma ferida física, é algo terrível! Às vezes, acabo me submetendo a situações que me fazem mal,

“**Deus** nos *ama* sem pedir nada em troca!”

apenas por medo de desagradar alguém e ser rejeitada. Também machuco pessoas que não têm culpa, simplesmente por tentar me proteger dessa dor.

Sinto que apenas serei amada pelo que faço. Por isso, quando erro, sempre fujo da Tua presença, como se o Teu amor por mim estivesse baseado em meus acertos. Porém, sei que Tu me amas incondicionalmente, então peço que me chames de novo para perto do Teu coração.

Mostra-me quem eu sou aos Teus olhos e tira de mim essa sensação de abandono. Que eu flua no propósito que Tu tens para mim, e que o medo de ser machucada não me impeça de viver a Tua vontade, em nome de Jesus. Derrama sobre mim uma porção nova do Teu amor, meu Pai, eu suplico!

Eu sou Tua filha e fui aceita por Ti! Em nome de Jesus, recebo essa identidade hoje. Eu rejeito, agora, toda identidade suja e confusa na qual Satanás me fez acreditar. Pai, Tu me amas com amor que não muda, que não depende do que faço ou deixo de fazer. Eu entrego a Ti todas as feridas de rejeição e experiências que me fizeram crer que não sou amada. Que elas sejam curadas à sombra da Tua presença. Tu és o Deus que acolhe os desprezados, que exalta os humildes e que honra os que o mundo ignora. Em ti, sou aceita, curada e amada, em nome de Jesus. Amém!

Declarações

- Eu sou filha amada de Deus!
- As rejeições da Terra não me definem.

- Deus me escolheu antes da fundação do mundo.
- Toda dor de rejeição está sendo curada agora, em nome de Jesus.

Para ouvir

Filho amado - **Laura Souguellis**[1]

Atividade prática

Escreva em um papel a passagem de 1João 3.1: "Vede que grande amor nos tem concedido o Pai: que fôssemos chamados filhos de Deus". Depois, cole esse papel no espelho do seu quarto ou banheiro. Assim, todas as vezes que você se olhar, será lembrada desta verdade poderosa: você é filha amada de Deus. Permita que essa identidade renove sua mente e fortaleça seu coração diariamente.

[1] SOUGUELLIS, Laura. **Filho amado**. In: SOUGUELLIS, Laura; DUNAMIS MUSIC. *Fornalha Laura Souguellis*. São Paulo: Onimusic; Dunamis Music, 2017. Disponível em: <https://www.youtube.com/watch?v=WSlljnC9kjo&list=RDWSlljnC9kjo&start_radio=1>. Acesso em: 18 ago. 2025.

"O *amor* sobrenatural de Deus é mais do que *suficiente* para sarar a **sua alma!**"

Dia 40

AMARGURA NUNCA MAIS!

Antes, sede uns para com os outros benignos, misericordiosos, perdoando-vos uns aos outros, como também Deus vos perdoou em Cristo.

• Efésios 4.32 •

Ei, amiga, você não pode pular esta página como, muitas vezes, tenta pular a dor que lhe causaram, a dor que você gerou em alguém ou, talvez, a dor que causou a si mesma. Sim, eu entendo você e sei que perdoar não é tão fácil quanto dizem.

Mas deveria, partindo do ponto de que esse é o desejo de Deus para nós, como Jesus bem nos ensinou na oração do Pai-Nosso: "Perdoa-nos as nossas dívidas, assim como nós perdoamos aos nossos devedores" (Mateus 6.12). O que Ele está nos dizendo acerca de liberar perdão é: "Senhor, faça por mim como fiz a outros!". E é aí que mora o perigo.

Perdoar é dar a si mesma a graça e a oportunidade de dormir uma noite de sono tranquila, e de poder respirar sem sentir que tem "muito tórax para pouco ar". É viver em paz, com a mente limpa e a alma leve. É entender que, quando Deus nos manda perdoar, não é porque despreza o que nos aconteceu, ou porque deseja que você continue a sofrer pelo mesmo motivo. Na verdade, Ele anseia arrebentar as correntes que prendem nossa alma e torná-la livre!

Esta página foi escrita debaixo de muito temor e amor, pois eu sei muito bem a dor de uma perseguição sem causa, de uma calúnia descabida e de uma inverdade maligna. Por meio destas linhas, Deus está lhe dizendo: "Eu a vejo, consolo, defendo e a levanto, mas não aceito que você continue carregando esse fardo. Libere a vida daqueles que a feriram!".

Amiga, é com você que Deus está falando: você que carrega uma mágoa antiga; você que foi profundamente ferida e que, apesar de querer, não consegue perdoar. Você que tenta esquecer e seguir em frente, mas sente que a lembrança do que aconteceu ainda dói tanto que parece sangrar em sua alma. Esta página é para você que já disse ter perdoado, porém, no fundo, sabe que ainda não o fez completamente. Se esse é o seu caso, coloque a mão sobre o seu coração, dobre os joelhos onde estiver agora, se possível, e ore comigo.

Oração

> Pai, em nome de Jesus, eu oro e coloco diante de Ti a dor que guardei por tanto tempo. Venho desnudar minha alma, com toda sinceridade e liberdade que uma filha tem. Com meu coração pesado, peço, em nome de Jesus: ajuda-me a perdoar.
>
> Pai, Tu sabes que fui muito ferida e injustiçada. As palavras que me disseram ainda ecoam em minha mente, e as atitudes daqueles que me feriram ainda me causam dores. Eu confesso, com toda verdade do meu coração: não consigo perdoar pelas minhas próprias forças. Mas, hoje, em nome de Jesus, eu me rendo à Tua vontade. Não quero viver presa à mágoa e não aguento mais carregar esse

veneno dentro de mim. O perdão não é fácil, porém sei que, com o Senhor, tudo é possível.

Eu oro a Tua Palavra agora: "Suportando-vos uns aos outros e perdoando-vos uns aos outros, se alguém tiver queixa contra outro; assim como Cristo vos perdoou, assim fazei vós também" (Colossenses 3.13). Pai, eu me lembro de quando o Senhor me perdoou, de quantas vezes o Teu amor ilimitado e sem reservas me cobriu — e ainda cobre —, e isso me constrange. Por isso, também quero perdoar.

Enquanto oro, declaro o que diz a Tua Palavra: "Porque, se perdoardes aos homens as suas ofensas, também vosso Pai celestial vos perdoará a vós" (Mateus 6.14). Não quero que o Teu perdão deixe de fluir através de mim por causa da dureza do meu coração. Então, Pai, amolece o meu interior.

Afirmo com fé o que dizem as Escrituras: "Meus amados, não façam justiça com as próprias mãos, mas deem lugar à ira de Deus [...]" (Romanos 12.19, NAA). Eu desisto de fazer justiça com minhas próprias mãos e deixo isso nas Tuas mãos, Senhor. Tu és justo e só Tu sabes a verdade completa.

Tu és o Deus que restaura os corações partidos, e cura por completo os feridos. Senhor, Tu és o Deus que me chama para a liberdade, e não para a prisão da amargura. Eu entreguei minha vida ao Deus que me lavou, que me restaurou e que agora me ensina a estender perdão aos outros.

Em nome de Jesus, eu libero quem me feriu, apesar de não entender tudo e de ainda sentir dor. Eu escolho obedecer e decido ser livre. Assim como perdoar é decisão, ser curada também. Cura-me por completo, Pai, para que eu possa olhar com amor quem me

> enxerga com rancor. Eu oro por intermédio do nome que me ensinou o caminho do perdão: o nome de Jesus. Amém, e graças a Deus!

Declarações

- Eu escolho perdoar, mesmo que doa, porque Deus me perdoou primeiro.
- Nenhuma mágoa prenderá meu coração.
- Eu fui encontrada, comprada, sou amada e perdoada.
- A partir de hoje, eu solto tudo e deixo a justiça nas mãos de Deus.
- Em nome de Jesus, eu sou livre da amargura. Livre pelo sangue de Jesus.

Para ouvir

Mesmo sem entender - Thalles Roberto[1]

Atividade prática

Em um pedaço de papel, escreva o nome da pessoa — ou pessoas — que você precisa perdoar e, se conseguir, escreva o que ela lhe causou. Depois, leia Colossenses 3.13 e Mateus 6.14 em voz alta. Com o coração disposto, ore: "Senhor, eu entrego essa pessoa nas Tuas mãos. Ensina-me a perdoar de verdade". Queime ou rasgue esse papel e creia que o Espírito Santo pode ajudar você a se libertar das correntes da amargura. Em nome de Jesus!

[1] ROBERTO, Thalles. **Mesmo Sem Entender**. In: ROBERTO, Thalles. *Saudade. Vol. 1.* São Paulo: Thalles Roberto, 2020. Disponível em: <https://www.youtube.com/watch?v=WqvXkR69ANs&list=RDWqvXkR69ANs&start_radio=1>. Acesso em: 18 ago. 2025.

RAQUEL LIMA
MIDIAN LIMA
GABRIELA LOPES
CAMILA BARROS

TESTE
MUNHOS

CAMILA

Há alguns anos, certa manhã, eu me senti mal ao me levantar da cama. Como precisava fazer uma viagem, segui bem cedo para o aeroporto e tentei resistir ao desconforto, acreditando que um remédio ou outro resolveriam o mal-estar.

Assim, segui minha jornada, embarquei no voo, pousei, ainda pela manhã, em Goiás e peguei a estrada para chegar no interior do estado, onde ministraria em um congresso de mulheres. Ao longo da viagem, que duraria várias horas, comecei a passar muito mal. Estávamos próximos de Anápolis, e, ao verem meu estado, os irmãos que me acompanhavam decidiram me levar ao pronto-socorro daquela região.

Fui atendida rapidamente, recebi medicação e permaneci ali por aproximadamente duas horas, pois estava com complicações intestinais que me causaram desidratação, dores, fraqueza, febre e calafrios. Felizmente, com a ajuda do soro e de alguns medicamentos que tomei, sentia-me aliviada, apesar de ainda estar muito cansada.

Decidimos continuar a viagem, acreditando na minha melhora. Porém, depois de mais algumas horas de estrada, voltei a passar mal. Estávamos chegando ao destino, com o horário apertado, e eu me sentia pior do que antes. Todavia, ainda sob o efeito dos medicamentos, resisti e me arrumei.

Quando cheguei ao congresso, fui conduzida para o altar da igreja. As irmãs louvavam a Deus e o culto estava uma bênção, porém, quando o pastor da igreja me viu, percebi imediatamente a preocupação em seu olhar. Ao me cumprimentar, ele perguntou:

"A irmã está bem?". Constrangida, respondi: "Acho que não, pastor. Estou me sentindo um pouco mal" — mas a verdade é que eu estava mal como nunca.

"A irmã não está bem, precisa descansar"; ele afirmou. "Mas quem vai pregar, pastor?"; perguntei, ao que ele respondeu: "Não se preocupe com isso, eu explico a situação para a igreja. Amanhã é um novo dia. Pode ir. Nós vamos orar pela irmã".

Retornei ao hotel acompanhada da irmã Andréia, minha recém secretária na época — que já assumiu a função enfrentando essa luta comigo (risos). Ela permaneceu no mesmo quarto que eu para me auxiliar e estava muito preocupada. Naquela cidade, não havia hospital aberto por conta do feriado, e meu quadro se agravava.

No decorrer da noite, os remédios já não faziam mais nenhum efeito. A febre aumentava, e eu sentia muito frio e fraqueza, pois nada do que me davam parava no meu estômago. Para tentar diminuir a minha temperatura, Andréia molhava uma toalha e colocava em minha testa, mas aquilo também não adiantou.

A situação começou a se complicar, e, por volta de uma hora da madrugada, Andréia ligou para as irmãs que estavam cuidando da nossa estadia, pedindo por ajuda. Então, enquanto elas se dirigiam ao hotel, comecei a ter uma espécie de "convulsão".

Eu não tinha controle sobre o meu corpo, mas estava ciente do que me acontecia, e tentava inutilmente impedir aqueles tremores. Já havíamos orado em vários momentos daquele dia, e a igreja intercedeu por mim naquela noite. Além disso, minha família estava em oração, no Rio de Janeiro, e a Andréia não parava de orar no quarto. Mesmo assim, eu continuava a tremer.

Ao perceber que o cenário estava fora de controle, Andréia decidiu ligar para a recepção do hotel e solicitou uma ambulância. A minha sensação era de que a morte estava bem perto. Naquele instante, as irmãs chegaram e aguardaram a ambulância conosco no quarto. Foi então que o Senhor me disse: "Para o seu bem, não permitirei que a ambulância chegue, pois, se você voltar para o pronto-socorro, não sairá de lá com vida. Apenas continuem a orar e adorar. Na quarta vigília da noite, livrarei você desta situação".

As irmãs e a Andréia começaram a cantar canções da Harpa Cristã sobre poder do sangue de Jesus, e eu me mantinha ali, com o pouco de força que me restava, orando em espírito: "Por favor, Jesus, socorre-me, desfaz todo mal, ajuda-me, tem misericórdia da minha vida". Enquanto intercedíamos, a palavra de Deus retornava à minha mente e me dava convicção: "Na quarta vigília desta noite, Ele me socorrerá". Dessa forma, eu permanecia firme, mesmo sentindo-me fraca.

Depois de uma hora e meia de oração e adoração, eu comecei a vomitar muito, e meu suor era tanto que chegou a encharcar completamente os lençóis da cama. De repente, senti que minhas forças estavam voltando, o frio diminuiu, a tensão dos músculos passou e meu corpo se revigorava. Senti como se algo poderoso estivesse tomando conta do meu ser, livrando-me daquela enfermidade.

Eu tinha certeza: Deus estava respondendo nossas orações. Logo que percebi a melhora, passei a orar em voz alta, e as irmãs, em concordância comigo, oravam também. Com a força que eu recebia, declarava diversas passagens bíblicas sobre vitória e triunfo que se adequavam àquela situação, pois sabia que Deus estava se movendo ali.

Em seguida, pedi para a Andréia me informar o horário. Ela olhou o relógio e respondeu: "São três e meia da manhã, Camila". Em resposta, declarei: "Meu Jesus passou aqui e nos socorreu". Então, pedi para uma das irmãs: "Abra a Bíblia e leia o primeiro versículo que encontrar".

Sem escolher uma passagem específica, ela abriu a Bíblia e leu Mateus 14.24-34. Durante a leitura, eu me emocionava, porque já conhecia aquele texto. Quando ela leu o versículo 25, todas entenderam o que Deus estava querendo nos dizer: "Mas, à quarta vigília da noite, dirigiu-se Jesus para eles, caminhando por cima do mar".

Naquele horário, a Bíblia diz que Pedro decidiu caminhar até Jesus e teve medo da tempestade. Quando começou a se afogar, Cristo o salvou. Da mesma forma, eu me sentia salva e sabia que o Senhor estava confirmando o que havia me prometido. Eu mantive a minha fé ativa, orando e louvando, porque confiei no Seu socorro. Ali, na quarta vigília daquela noite tão difícil, eu estava convicta: o meu Senhor ouviu o nosso clamor e veio me socorrer.

Mas a história ainda não havia terminado. Agradecemos pelo grande mover de Deus que experimentamos no quarto daquele hotel. A ambulância não chegou, eu não fui para nenhum hospital naquela madrugada e, quando notaram a minha melhora, as irmãs voltaram para suas casas.

Dormi bem e, no dia seguinte, mesmo ainda fraca, estava melhor e consegui comer sem vomitar. Apesar de sentir uma movimentação estranha no estômago, não tinha dor, febre ou calafrios. Por isso, pensava estar bem o suficiente para ministrar no culto da tarde, mas o pastor da igreja continuava preocupado. Então, decidi orar e o Senhor me direcionou: "Vá para a igreja, e enviarei o médico lá". Guardei aquilo em meu coração e nada disse a ninguém.

Então, eu me arrumei e fui para o culto. Chegando lá, o pastor me recebeu e disse: "Você não acredita! O nosso médico está aqui!". Eu ri, porque nunca vou me acostumar com as coisas de Deus e com o poder da oração. O médico que acabava de entrar pelas portas da igreja era o único da cidade. Na noite anterior, ele estava descansando em um sítio muito distante do local, por isso ninguém foi capaz de contatá-lo. Porém, Jesus não só havia nos visitado naquela madrugada, como também se manifestou no sítio daquele médico e lhe tirou o sono. Por conta disso, ele voltou para a cidade um dia antes do planejado.

A esposa do pastor me levou ao gabinete, onde o médico me esperava. Depois de ouvir o meu caso, ele disse: "Desde a madrugada de ontem, eu perdi a paz e entendi que o Senhor estava dizendo para eu voltar para cá. Saí de lá quando ainda estava escuro, para poder chegar aqui cedo. Nem passei em casa, vim direto para a igreja".

Diante daquele relato, eu só queria chorar e agradecer! Entendi que tudo se encaixava, pois, na mesma madrugada, o Senhor estava trabalhando no sítio em que o médico se encontrava, para responder as nossas orações. Como Deus é maravilhoso, perfeito, fiel, misericordioso e um bom *Pai*!

Na noite anterior, parecia que a oração não estava adiantando de nada, mas, na verdade, Deus estava agindo em áreas que eu ainda não era capaz de enxergar. Enquanto perseverávamos em oração, Ele concluía Sua obra e cuidava de tudo.

O doutor me examinou, levou-me para sua clínica, diagnosticou o meu problema e me prescreveu alguns antibióticos. Por fim, pude ministrar a palavra no congresso durante a tarde e à noite. Foi tremendo o que Deus fez no meio do Seu povo, e almas foram salvas. Segui minha jornada de volta para casa com o coração grato: a obra foi feita, o nome de Deus foi glorificado, e sempre serei grata pela vida daqueles irmãos.

Contei toda essa história para lhe dizer: *não pare de orar*! Persevere em oração, louvando ao Senhor e declarando a Sua Palavra, pois Deus é fiel. Naquele dia, eu tenho certeza de que Ele me livrou da morte, e ainda guiou o médico até mim. Assim, fui capaz de compreender não apenas a forma como Ele trabalha, mas também pude presenciar Sua obra completa diante daquela assustadora experiência.

Enquanto compartilho esse testemunho, vou me lembrando de muitos outros. Que, neste momento, você também possa se lembrar do que Deus já fez em sua vida, a fim de encher o seu coração de esperança: "Bendize, ó minha alma, ao SENHOR, e tudo o que há em mim bendiga o seu santo nome. Bendize, ó minha alma, ao SENHOR, e *não te esqueças* de nenhum de seus benefícios" (Salmos 103.1-2).

Receba essa palavra em seu coração e lembre-se dos feitos do Senhor ao longo da sua trajetória. Recorde o que Ele já fez e isso dará a você a fé necessária para crer no que Ele lhe prometeu que ainda fará!

Espero que sua fé tenha sido edificada, de alguma forma, por meio desse simples, porém valioso, relato. Eu vi o poder de Deus se mover em minha vida física, trazendo restauração e livramento. Por isso, declaro com convicção que Jesus é o mesmo ontem, hoje e eternamente. Chame por Ele e nunca pare de orar!

GABRIELA

Eu tinha um grande amigo de infância. Nossa amizade já durava dez anos, até que chegou o dia em que recebi uma terrível notícia: ele fora diagnosticado com câncer. Aquilo me abalou profundamente, porém, movida pela fé, comecei a interceder por ele com insistência. Durante cerca de dois meses, mantive uma rotina de oração intensa, fiz campanhas e clamei a Deus de forma incansável, acreditando firmemente na possibilidade de sua cura.

Apesar de toda a minha dedicação, meu amigo veio a falecer. Fiquei extremamente entristecida, pois aquela não era, de forma alguma, a resposta que eu esperava da parte de Deus. Naquele momento, senti como se minha oração não tivesse sido atendida, e confesso que isso mexeu com minha fé.

No entanto, Deus continua sendo bom e, em meio à dor e ao luto, Ele me ensinou algo valioso: a oração não é um instrumento que usamos para mudar Sua vontade. Em vez de nos garantir controle sobre tudo o que acontece em nossa vida, a oração existe para nos conduzir a uma maior

"Permaneça **orando**, erga um altar de *adoração* ao Senhor e declare a Sua Palavra, pois *Ele* é fiel!"

intimidade com o Senhor. Ela tem o poder de nos aproximar de Deus a ponto de compreendermos que a decisão final pertence a Ele, e que Sua soberania está acima de nossos pedidos e expectativas. Ele é quem decide, da maneira que Lhe apraz.

Percebi que, muitas vezes, inconscientemente, utilizamos a oração como um meio de tentar manipular os desígnios divinos, quando, na verdade, ela deve ser uma expressão de entrega, confiança e adoração. Entre tantos testemunhos que eu poderia compartilhar aqui, escolhi este porque, mesmo não tendo recebido a resposta que eu desejava, pude ver que tudo aconteceu conforme a perfeita vontade de Deus, e isso é suficiente para mim.

Continuo crendo no poder do Pai: Ele tem e sempre terá poder para curar, libertar e realizar o impossível em nossa vida. Mas também sei que ter uma fé madura é continuar acreditando, mesmo quando as situações não acontecem da maneira que gostaríamos.

Hoje, compreendo que, toda vez que oramos, devemos nos posicionar não com a expectativa de que Deus realize exatamente o que queremos, mas com a plena confiança de que Ele nos ouve, está no controle de todas as coisas e sabe exatamente o que faz. O verdadeiro propósito da oração é nos alinhar com o coração de Deus. Ainda que, à primeira vista, a resposta d'Ele não seja aquilo que esperávamos, orar nos permite descansar na certeza de que Sua vontade é sempre boa, perfeita e agradável.

MIDIAN

Aquele era o único dia que eu tinha disponível para comprar um *look* para a gravação de um programa de televisão, então decidi ir ao shopping com as crianças. Entrei em uma loja que gosto muito e que é de fácil acesso, e logo vi um vestido que amei. Sua cor e seu estilo eram tudo o que eu buscava.

Fui até a arara de roupas e procurei pelo meu tamanho, mas não encontrei. Pedi a ajuda de um funcionário e perguntei se ainda restava alguma peça daquele vestido no estoque. Porém, ele respondeu: "Senhora, infelizmente não tem mais. Até cinco minutos atrás, estava disponível, mas uma pessoa acabou de levar".

Como estava com pressa, agradeci o rapaz e decidi procurar em outra loja. No entanto, sentia o Espírito Santo me dizer: "Clame, filha, e eu o colocarei em suas mãos". No mesmo instante, comecei a orar: "Pai, se esse vestido está disponível em algum lugar, mostre para mim!". Então, Ele respondeu: "Volte para a loja em que você estava!".

Obedecendo à ordem de Deus, disse aos meus filhos: "Vamos voltar, porque o vestido está lá nos esperando". Confusos, eles diziam: "Mas, mãe, não tem mais!"; ao que eu respondia: "Confiem no Senhor".

Quando chegamos novamente na loja, o meu tamanho havia acabado de ser colocado na arara por uma senhora que desistiu da peça! Vendo aquilo, meus filhos gritaram: "Olha, mãe, exatamente como a senhora orou. Deus falou, mãe! Deus é bom!". Essa é a bênção do cotidiano. Esse é o Deus de todos os dias, que Se preocupa até com os pequenos detalhes de nossa vida.

RAQUEL

Após a morte do meu pai, nossa vida financeira se tornou muito difícil. Ele era o único provedor da casa e, com o seu falecimento, a empresa que ele possuía acabou falindo. Um dia, percebendo que a comida havia acabado, minha mãe decidiu levar eu e um de meus irmãos ao supermercado. Com seu novo cartão de crédito, ela pretendia parcelar a compra em suaves prestações.

Muito alegres, meu irmão e eu colocamos no carrinho os alimentos e até alguns biscoitos que desejávamos. No entanto, no momento de passar o cartão, como a máquina ainda era antiga, houve uma falha, e o pagamento não foi aprovado. Ficamos muito envergonhados, deixamos todas as compras ali e voltamos para casa.

Quando chegamos, nossos irmãos, que aguardavam pelas compras para que pudéssemos almoçar, perguntaram: "Mãe, cadê as compras? Cadê a comida?". Com toda convicção, ela respondeu: "Deus proverá"; e, mesmo sem entender muito bem, eles ouviram quando ela disse: "Eu vou orar".

Poucas horas depois, para nossa surpresa, chegou um caminhão do supermercado com uma entrega no nome de "Dona Maria", minha mãe. Quando perguntamos quem havia mandado, os entregadores responderam: "Foi Deus quem mandou!".

Naquela ocasião, meu cunhado, que ainda era noivo da minha irmã, servia no quartel e, durante a noite, teve um sonho: ele fazia compras em um supermercado, mas sabia que aqueles mantimentos não eram para ele. Ao acordar, sentiu fortemente em seu coração que Deus o estava direcionando a fazer aquelas compras e entregá-las em nossa casa.

E o mais impressionante: tudo o que havia no carrinho era não apenas mais do que havíamos tentado comprar anteriormente, mas incluía exatamente todos os itens que tínhamos devolvido por não conseguir pagar.

Minha amiga, a Bíblia declara que Deus é pai dos órfãos e defensor das viúvas (cf. Salmos 68.5). Ele sustenta com alimento, com amor e com abundante graça. O Diabo pode tentar convencer você de que está sozinha, mas eu oro para que o Senhor lhe dê provas incontestáveis de que, além de a sustentar, Ele Se importa com tudo aquilo que é importante para você.

A oração é o cordão umbilical que liga a Terra ao Céu. É por meio dela que trocamos fraqueza por força, medo por coragem, incerteza por segurança. O mal sabe que não terá domínio sobre você quando Deus for seu melhor amigo, seu número de emergência e seu contato das madrugadas.

Sarah Farias

Assembleia de Deus Vitória em Cristo (ADVEC)

A adoração nos leva até o Céu, mas só a oração traz o Céu para nós!.

Pastora Juliana Berto

Família da Fé Paiquerê

A oração é o meu fôlego de vida. Tenho entendido que muitas coisas podem acontecer quando falo com Deus, mas tudo muda quando Deus fala comigo! Orar é, sim, falar com Deus, mas também envolve a intimidade de ouvir Sua voz. Salmos 29.4 diz que a voz do Senhor é poderosa. Ou seja, uma direção divina tem o poder de guiar nossa trajetória e de definir toda a nossa história. Durante 20 anos, o povo de Israel foi oprimido pelo rei de Canaã, até o dia em que a profetisa Débora ouviu a palavra que os resgatou da escravidão. Quando escutamos a voz de Deus, temos o poder e a força que precisamos para mudar o mundo!

Pastora Eline Guerra

Igreja Batista Sobrenatural

RAQUEL LIMA
MIDIAN LIMA
GABRIELA LOPES
CAMILA BARROS

CON
CLUSÃO

Quem aprende a orar nunca mais será o mesmo, porque a oração não apenas muda circunstâncias, ela muda almas, destinos e eternidades. Não há batalha que resista a um coração rendido em oração, porque aquele que ora jamais está sozinho.

A oração não é opcional nem é um acessório na vida do cristão. Ela é essencial, é a respiração da alma, a força que nos mantém firmes diante das adversidades. Se queremos mudança, precisamos orar. Se queremos liberdade, precisamos orar. Se queremos ver as promessas de Deus cumpridas, precisamos viver uma vida de oração.

O Senhor nos dá uma promessa: "Então, me invocareis, e ireis, e orareis a mim, e eu vos ouvirei" (Jeremias 29.12). Deus está dizendo: "Se você clamar, eu responderei. Se você buscar, eu estarei lá. Se você vier a mim, eu ouvirei cada palavra, cada lágrima, cada gemido da sua alma".

Apesar disso, quantas vezes deixamos a oração como último recurso? Quantas vezes corremos atrás de soluções humanas antes de dobrar os joelhos? A verdade é que a vida com Cristo não existe sem oração. Simplesmente não é possível sermos livres, vencermos batalhas espirituais, protegermos nossa família e vivermos o propósito de Deus sem estarmos ligadas a Ele em oração.

Se queremos ver nossos filhos e nossa casa guardados; se queremos ver a bondade de Deus nos cercando; se queremos que as mentiras do Inimigo sejam dissipadas, não podemos abrir mão da oração.

No entanto, nada disso acontecerá se continuarmos encarando a oração como uma formalidade, um costume vazio, uma prática sem vida. Orar tem de ser um relacionamento. Deus não nos disse: "Talvez eu vos ouvirei". Não é uma possibilidade incerta. Ele nos garante que cada clamor sincero, cada palavra dita com fé e que cada oração feita por intermédio do nome de Jesus será ouvida.

Você quer transformação? Ore. Você quer ver cadeias caindo? Ore. Você quer sentir a presença de Deus guiando cada passo seu? Ore. A oração é um privilégio. É um convite para entrarmos na sala do trono e termos um encontro real com o Senhor. E Ele prometeu: "Eu vos ouvirei". Isso significa que nossa voz nunca passa despercebida, nossas súplicas não são ignoradas, e Deus não está indiferente ao que enfrentamos.

É tempo de decidir por uma vida marcada pela oração. Não espere as crises chegarem para buscar a Deus. Não espere o desespero bater à porta para clamar. Tenha uma vida de oração e veja Deus responder com poder. Ele está ouvindo. Ele está agindo. Apenas ore.

A oração é uma arma poderosa que destrava o mundo espiritual ao nosso redor. O poder da oração acontece quando estamos imersos na Palavra de Deus; foi o que Jesus disse em João 15.7. Deus ouve todas as orações, porém responde às orações da fé. O processo chamado "tempo de espera" enquanto pedimos é, na verdade, uma batalha que está ocorrendo entre anjos e demônios nas regiões celestiais.

Um intercessor eficaz é guiado pelo Espírito Santo e pela mesma compaixão que Jesus demonstrou durante Sua vida terrena. A oração é o meio pelo qual nos conectamos com o mundo espiritual e participamos de batalhas invisíveis.

Além disso, sabemos que a persistência na oração pode influenciar o mundo espiritual, como demonstrado na história do profeta Daniel. A oração é uma expressão de amor e compaixão, que reflete o coração de Jesus por aqueles que estão em necessidade. Toda oração alinhada com a Palavra já tem uma resposta declarada!

Pastor Miqueias Oliveira
Igreja Central do Avivamento

A oração é a ferramenta de comunicação entre o Comandante Supremo, Deus, e eu, Seu soldado na batalha da vida.

Pastor André Brandão
Assembleia de Deus Vida na Palavra (ADVIP)

A oração revoga sentenças, traz decretos reais e faz milagres sobrenaturais.

Luciane V. Barros
Assembleia de Deus Vitória em Cristo (ADVEC)

Esta obra foi composta em *Cabrito e Avant Garde*
e impressa por Gráfica Coan sobre papel
Offset 75 g/m² para Editora Vida.